Ⓢ新潮新書

山本博文
YAMAMOTO Hirofumi

歴史をつかむ技法

541

新潮社

はじめに

本書を手に取った皆さんは、歴史に興味がある一方で、学校で習ってきた、あるいは習いつつある内容を、自分がきちんと理解できていたのかどうか、教えられた個々の知識がどういう意味を持っていたのか、そもそも意味などあったのか、といったさまざまな疑いを心中に抱え、歴史を学んだ実感や手ごたえが無いままでいる方がほとんどだと思います。

学生だけでなく、社会人の方々からも、性別、年齢、職種などの区別なく、そうした訴えを私も数多く耳にしてきましたが、これはなぜなのでしょうか。

ものごとを理解するためには、車の両輪のように「知識」とその知識を活《い》かすための「思考方法」の二つが揃うことが大事だとよく言われます。片方の車輪が回るだけでは、同じところをぐるぐる巡りつづけるばかりで前には進めません。

「知識」がスポーツにおける基礎体力だとすれば、その基礎体力を活かして良いプレーに結びつけるのは、個々の競技におけるルールの把握、それに基づく作戦の立て方、そして競技の特性にあった身体の使い方を身につけることであるはずです。これを「技法」と呼んでもよいと思いますが、歴史の学びにもきちんと技法と言えるだけの正しい思考の方法があるのです。技法と言うと単なるハウツーと勘違いされそうですが、歴史を学び、探求する上で必要な、理性的で、論理に沿った、基礎的な思考の方法のことです。

車の両輪とはいえ、スポーツをするためにはまず最低限の体力が必要になってくるように、歴史の学びにおいても技法より先に最低限の知識は必須なので、学校でも最初のうちは、主要な人物名や大事件の年代を覚えさせることも大事です。この本も、歴史知識の必要性を否定するものではありません。しかし、学校教育ではこれが小・中・高とずっと続いてしまい、大学受験を終わると、今度はほとんどの人が系統だって歴史を学ぶ機会が無くなるので、結果として、歴史を学んだ実感や手ごたえの無い人が相当な数にのぼる、という現状が出現してしまっているのです。

歴史教育に限らず、学校教育には従来から「知識偏重」の批判がありますが、歴史研究者の立場から見ても、歴史知識を活かすための教育が不足しているのはあきらかです。

意欲も体力も十分にあるのに、走り込みや球拾いばかりさせられていて、ボールの効果的な投げ方も打ち方も教えられない野球部員のようなものだと言えばよいでしょうか。

もちろん教育の側にも知識偏重への反省はあって、教科学習の指針となる文部科学省の「学習指導要領」でも、「歴史的思考力」を培《つちか》うことが相当以前から強調されてはいるのですが、いまだ知識偏重が克服できていません。というのは、「歴史的思考力」という概念自体が曖昧で、学校教育の現場でもそれが共有されていないからです。あえて何が歴史的思考力かを問い、これを明確にしようと思うと、歴史学界や教育現場が百家争鳴になってしまうので、文科省も踏み込めないのでしょう。

しかし、歴史学が何を目指しているのか、歴史学がどういう学問なのか、そしてどういう技法があるのかには、統一見解とまではいかなくとも、おおよそのコンセンサスは形成できると私は考えます。本書では、「知識」から置いてきぼりにされていた「技法」、つまり歴史を学ぶ上で必要な「考え方」や「見方」といったものをご紹介したいと思います。それは、私がこれまで行ってきた歴史研究の中で身についてきたもので、空理空論ではなく、実践的なものになっていると考えています。

本書は、すでに中学校や高校で歴史を学んだことのある一般社会人を主な読者に想定していますが、学習をある程度進めながらも、学校の授業で歴史をつかんだという気がしない、という現役高校生にも十分に理解してもらえるように書いたつもりです。

内容的には、大学で歴史を専攻する学生が学ぶ「史学概論」といった科目に重なる話もまじえましたが、これは、歴史学とはどういう学問かを知ることが、現代社会に生きる皆さんの歴史的思考力を培う一助となり、歴史をつかむ入口ともなるはずだと考えているからです。そして、それはさらに教養と呼ぶべきものに結びついてゆくはずです。

私は、普段は日本近世史、江戸時代の歴史を中心に研究をしていますが、本書では日本史全般に目を向け、私の視点から見た日本史の流れを提示することにもつとめました。また、知識という面では日本史の話が多くを占めますが、あえて本のタイトルは『日本史を……』とせず『歴史を……』としました。これは、本書が知識の本ではなく、歴史を理解するための技法の本だからです。本書で紹介する技法は、世界史でも各国史でも、歴史である限りは広く用いることができるはずだと考えています。

さてそれでは、細かな知識は不要ですから、構えずに気を楽にして、本書の頁をめくっていってください。

歴史をつかむ技法 ● 目次

図版製作＝吉田富男

序　章　歴史を学んだ実感がない？

なぜ歴史本ブームなのか

どんな教科でも、好きな人と嫌いな人がそれぞれいるものですが、歴史はとくに好き嫌いが大きく分かれる科目です。

好きな人は、小説などで歴史上の人物の活躍を読んで興味を覚え、さらに深く知りたいと思って独自に関連書まで読むようになり、自然と歴史に詳しくなります。一方の嫌いな人は、受験勉強に象徴されるように、歴史は年号を覚えたり事件や人名を覚えたりするだけの科目だと強く意識してしまい、歴史に親しむことがなくなってしまうようです。

ところが、近年は歴史に対する興味関心が非常に広まり、もともと歴史好きだった人に限らず、歴史に関する本を読む人が増えているようです。そうした動きの中で私がとくに驚かされたのは、『もういちど読む山川日本史』（山川出版社）が、非常に好評で多くの読者を得ているという話です。

この本は、二〇〇四年まで高校で使われていた山川の歴史教科書『日本の歴史（改訂版）』をベースにして、一般の社会人を対象読者にその記述を見直して簡潔に改め、二〇〇四年以降の新しい学問的知見を注記で補足したものだということです。

とは言うものの、実際に手にとって読んでみると、まさしく一昔前の教科書といった文章やレイアウトです。社会人が高校時代を懐かしむには良いでしょうが、そもそも教科書は授業を前提にコンパクトに記述されているものなので、この本単独ではその内容も理解しやすいとはとても言えません。

しかし、そうでありながらこの本がなぜ多くの読者を得ているのだろうかと考えたとき、一般の社会人に向けて一冊にまとめられた日本史の本が、じつはこれまでほとんどなかったのだ、ということに気づかされたのです。

「日本の歴史」などと銘打たれたシリーズ書は、大手の各出版社からいろいろと刊行されていますが、ほとんどが十数巻あるいは二十数巻にもおよぶボリュームで、簡単に通読できるものではありません。しかも、ここ数年の間に刊行されたそうしたシリーズ書の内容は、最新の研究成果を反映したとても高度なものになっていて、歴史の専門家にとってもかなりの読み応えがあるものばかりです。

これは、執筆を担当した専門家が、一般読者以上に同じ時代を研究している他の専門家の目を意識したためだと思われますが、それでは一般の歴史好きの人に対してかなりの違和感を与えたはずですし、まして歴史が苦手だった人にはとても読みこなせるものではありません。歴史の流れを知るための一冊として、『もういちど読む山川日本史』が選ばれ、これがベストセラーになったのは当然だと言えそうです。

そして、こうした本が望まれていたその背景には、すでに学業を終えた大半の一般社会人に、「基本的なところから学び直さないといけない」という気持ち、つまり「自分には歴史の素養がない」という欠損感があるためだと思います。いや、これは社会人だけでなく、潜在的には多くの中高生や大学生も、今まさに同様の意識を育んでいる途上にあるのだと言えるでしょう。

しかしながら、たとえば大学を卒業した人であれば、小学校、中学校で社会科の大半の時間を使って歴史を学び、高校でも日本史や世界史をかなりの時間学んだ上、さらに受験を突破し、大学に入ってからも教養課程で歴史の講義を受けて単位をとった人が少なくないはずです。つまり、かなりの数の社会人には、すでに相当な歴史知識があるはずなのです。

そうであるにもかかわらず、「歴史の素養がない」と多くの人が自覚し、大量の時間を使いながら、「自分が知っているのは歴史の断片的知識だけだ」、「歴史の基本的な流れさえ分かっていない」という自己分析をしているようです。

なぜ歴史を学びたいのか

それでは、なぜ今日になって、あらためて歴史の素養を身につけたいと思う人が増えているのでしょうか。カルチャーセンターなどで一般社会人に向けて教えることがありますが、そこで強く実感することは、学びたいという気持ちを持った、とくに年配の方が本当に多く、またその数が年々増えているということです。まさに「学び直し」で、一時的なブームではなくこの趨勢《すうせい》は続きそうです。

カルチャーセンターの講座に来る人の知識レベルには、かなりの開きがあり、中学生レベルのことでもかなり怪しい方がいる一方で、すでに相当な知識がある方も少なくありません。そうした知識の十分ある方からは、「歴史には個々の歴史的事件や事象を貫く法則のようなものがあるように思うのですが、そういうことは学校の授業では習わなかったので、そのあたりのことを教えて欲しいのです」というような要望がよく寄せられます。加えて、マスコミなどが作家の司馬遼太郎さんの見識を「司馬史観」と賞賛したり、歴史家の網野善彦さんの業績が「網野史学」と呼ばれているのに反応し、それは端的に言ってどういうものなのかを教えて欲しい、というリクエストもよくあります。

後者は、お二方にならって広い歴史的視野や着眼点を持ちたいということでもあるのでしょう。つまり、こうした要望に共通するのは、個々の歴史知識ではなく、大きな視点で歴史をとらえる方法を知りたいという気持ちであるはずです。

歴史に法則性があるのかどうか、じつのところ、これは私たち歴史を専門に研究している者にとっても大きな問題です。この問題については本書でも随所で触れて行きたいと思いますが、そもそも一般社会人の大多数が受験科目としての歴史しか学んできていないだけに、どうしても細かい史実の暗記を中心とした勉強に終始してしまい、歴史に対するイメージが形成できないまま、いわば歴史を「つかめない」ままで終わっているという現状があるようです。

なぜ歴史がつかめなかったのか

そうした問題意識を持ってあらためて高校の教科書を読んでいくと、まず違和感を持つのが、最初に歴史を大きく俯瞰《ふかん》する部分がほとんどなく、いきなり原始時代の細かな記述から始まっていることです。

たとえば、『もういちど読む山川日本史』では、「地球上に人類があらわれたのは、今から約500万年前の、地質学でいう鮮新世《せんしんせい》の初めごろで、これに続く更新世《こうしんせい》にかけて人類は発展した」と第1章の本文を書き出しています。こうした記述の形式は、歴史教科書の常道なので仕方がない面はあるのですが、地質学の用語にはなじみがない上に、「500万年前」というようなイメージは、なかなか持てないのではないでしょうか。そして、そんな記述に続いてアウストラロピテクス・アフリカヌスだのナウマンゾウだのというカタカナ文字が羅列されると、それだけで歴史が嫌いになる人が出てくるような気がします。

また、社会人になると、教科書に書かれていることとは違った新説が唱えられていることや、諸説が複雑に対立していることを目にしたり耳にしたりする機会が増えるので、かえって何を信じればいいのかわからなくなる、ということもあるでしょう。

たとえば約3万年前から始まったとされていた日本の旧石器時代は、発掘調査による石器の発見が相次いだことから、どんどんその登場年代がさかのぼってしまい、一時は「60万年前から」日本列島に旧石器人がいたことになりました。ところがその後、あの旧石器捏造事件が明らかになって、ほぼ元の通りに教科書の記述が改められたのはまだ記憶に新しいところです。

逆に、前述した原始時代の人類誕生は、高校で現在使用されている教科書『詳説日本史B』（山川出版社）では、「地球上に人類が誕生したのは、今からおよそ650万年前の……」（傍点筆者）と書き改められています。

また、古代史で実質的に最初のトピックとなる「邪馬台国《やまたいこく》」は、皆さんもご存知のように、いまだにその所在地について近畿説と九州説が対立しています。大きく説が対立していること自体を面白いと思う歴史ファンも多く、今でも一部ではホットな論争が続いているようですが、「まだ結論がでないの？」というのが一般の方の印象だと思います。

どちらの説に立つかによってこの時代の解釈がまるで変わってくるだけに重要なポイ

ントなのですが、現行の教科書でも近畿説と九州説を両論併記して結論を示していないように、「どちらか分からない」というのがやはり学問的には正しい態度なのです。

これは、典拠になる文献史料が、中国の歴史書『三国志《さんごくし》』のうちの「魏書《ぎしょ》」の中にある「烏丸鮮卑東夷伝《うがんせんぴとういでん》」の、またその中の「倭人条《わじんのじょう》」、いわゆる『魏志倭人伝《ぎしわじんでん》』しかないためです。基本的に邪馬台国論争は、『魏志倭人伝』にある、そのわずかな関連記述の解釈を争うものなのです。考古学的な調査は積み重ねられていますが、両論ともその決定打となるような遺跡や遺物がそう簡単に発掘されるはずもありません。

こうした、日本の文献史料がなく、考古学の成果だけに大きく依存している時代を始点にして、定説のない事項から歴史の学習が始まるのですから、歴史を「つかめない」と皆さんが思ってしまうのも当然なのかもしれません。

歴史用語が混乱を誘うのか

歴史がつかみにくい原因としては、教科書に載っている歴史用語にも問題があるでしょう。たとえば、教科書の最初の方に登場してくる「律令国家《りつりょうこっか》」という用語そのものには記憶があると思いますが、いきなり「律令国家」と言われても、なかなかイメージのしにくい用語だと思います。

八世紀の初頭まで、日本にはきちんと文章になった成文の法律がなく、慣習によって政治を行い、また刑罰を与えていた未開の国家から、法律で政治制度を規定し（これが「令」です）、法律に基づいて刑罰を与える（これが「律」です）ようになったのです。

つまり、文明的な法治国家になったことを表す用語が「律令国家」なのですが、もちろん古代の人々が「律令国家」という言葉を使っていたわけもなく、これは歴史学者が定義した用語です。

また、これに続いて学ぶ奈良時代や平安時代は、いわば政争の時代で、教科書にも「長屋王《ながやおう》の変《へん》」「藤原広嗣《ふじわらのひろつぐ》の乱《らん》」「橘 奈良麻呂《たちばなのならまろ》の変」「恵美押勝《えみのおしかつ》の乱」「薬子《くすこ》の変」「安和《あんな》の変」などという言葉が続々と出て来ます。名前や年号が覚えにくいのもさることながら、「乱」と「変」はどう違うのかと惑わされたことでしょう。さらに、奈良時代では乱や変の主体が人名だったのに、平安時代になるとなぜ年号に変わるのでしょう。

つまり歴史用語には、突き詰めれば説明のできない、言葉の定義もあいまいで理解しにくいことがたくさんあるのです。こうした歴史用語の一貫性のなさも、皆さんが混乱する理由の一つでしょう。

「変」「乱」についてここで簡単に説明すれば、「乱」は軍事蜂起を伴う国家（天皇）への反抗であるのに対し、「変」はときの政権の転覆工作である、ということにはなります。しかし、たとえば奈良時代にあった「長屋王の変」は、現在では天皇の意を受けた謀略とする説が有力視されており、長屋王が政権の転覆をはかったわけではないと考えられています。そうしてみると、こうした事件名がつけられたままであることで新たに歴史を学ぶ人に予断を与えてしまい、正しい歴史理解が妨げられる可能性も出てきてしまいます。

教科書は信じてよいのか

さて、このように話を進めていくと、根本的な問題として、そういった記述によって出来上がっている教科書や、それにしたがって行われた授業の内容を果たして信じていいのか、自分が学校で習ってきたことは無駄ではなかったのか、という疑問が皆さんには生じると思います。

しかし、これは安心して下さい。無駄などということはけっしてありません。最終的に教科書の記述内容を信じる、信じないは別としても、そこに書かれていることは、歴史をつかむ上で大事な「通説」ではあるのです。あとから新しい歴史事実を明らかにする史料が発見されたり、正しい歴史解釈と信じられる新説が出てきたりしたとしても、基軸となる通説が頭に入っていないと、何が新しいのか、何が修正されたのかもわからなくなります。

教科書は、文部科学省が作成する「学習指導要領」に基づいて執筆されています。そして、「学習指導要領」は研究者が組織された中央教育審議会の答申に基づいて作成されていますので、現時点における通説が要領よく記されているのです。そのため、ある教科書の執筆者が、指導要領に記載されている通説を否定する新説を提唱していたとしても、その新説に基づいて教科書を書くわけには行きません。

教科書検定で文科省の教科書調査官から、「これはまだ学界の定説になっていません」などと指摘され、訂正を余儀なくされます。執筆者にできることは、記述を工夫して新説への解釈の余地を残すことぐらいでしょう。このため、どの教科書でも同じような記述が並ぶことになるのです。

ある新説が提起され、研究者の間でも有力な説として支持されていたとしても、それが教科書に反映されるまでには少なくとも十年以上の時間が必要です。こうした検定制度には否定的な意見も多く見られますが、一般的に言って、中高生といった歴史の初学者が、まず通説を学ぶということは大事なことだと思います。

歴史の知識が増えると、教科書は軽く見られるようになります。「教科書的」と言えば、無味乾燥な記述の批判を意味します。しかし、教科書ほど一言一句に留意して書かれている本はないのです。

現行の歴史教科書の記述に対しては、私もその構成や内容、紹介される個々の説などに異見がないわけではありませんが、全体的に見て、通説としてはおおむね妥当なものが紹介されていると考えています。

いかにして学べば良いのか

こうして記述されている教科書ですが、それでも時間を経るに従って、新説だったものが有力な説となり、さらには通説となってゆくことで順次その内容は書き換えられています。とくに平成に入ってからは、これまでの研究成果が反映された書き換えがかなり進んでいて、近年では教科書の記述が従来のものとはずいぶん変わっていることがマスコミでもよく話題にされています。皆さんもそうした新聞記事や雑誌記事を見かけたことがあるのではないでしょうか。

たとえば、『読売新聞』が夕刊トップ（平成二十五年三月二十七日付）で報じた「変わる日本史教科書」という記事には、〈鎌倉幕府「イイクニ」？「イイハコ」？〉という大きな見出しがついていました。

これは、新たに教科書検定を通過した東京書籍発行の高校教科書『新選日本史B』（平成二十六年度より使用開始）に、鎌倉幕府の成立時期について、一一八〇年説から一一九二年説まで、六つの説が併記されて紹介されていることを主に報じたものです。文部科学省の担当者が「いままで見た記憶がない」と六説併記に驚いたという談話も載せられていました。

世間では、子供の頃から「イイクニ《1192》」と覚えてきたものが、最近は「イイハコ《1185》」になったらしいとまさに驚いたようです。

しかし、こうした変化は歴史の本質ではなく、私たち研究者にとっては、たいした問題ではありません。というのも、鎌倉幕府の成立年代については、数十年前から中世史の専門家の間では論争があって、それが今回、教科書で紹介された、ということに過ぎないのです。そして、そもそもどの説をとっても、それほどこの時代の理解に大きな違いが生じるわけでもないのです。

読売新聞の記事は、短い字数ながら要所をおさえたきちんとしたものではありましたが、どこまで一般の方が誤解なくこの問題の本質を知ることができただろうか、見出しを見ただけで早合点した人も多いのでは、と心配になりました。個々の歴史トピックに惑わされることのないように、個別の歴史知識ではなく、正しい歴史の理解の仕方、まさに技法を学ぶことが必要なのだとしみじみ感じました。

そこで、そもそも歴史とはどういうものなのか、歴史の流れはどのようになっているのか、歴史はどのようにイメージしてつかめばいいのか、そして歴史学とはどのような学問なのか、こうしたことを次章から解説していきたいと思います。

また、ここで最初に注意しておきたいのは、本書においては、あまり最初から物事を厳密に考えないで欲しいということです。これは、私が責任を放棄しているわけではありません。そもそも教科書だけでなく、ほとんどの歴史の本は、概説書でさえ最初からものごとを細かに記述しすぎる弊《へい》があるのです。

しかし、歴史に限らずおよそものを学ぶにおいては、むしろ多少アバウトでも、同じ物事を複数の視点から繰り返し見ていくことが大事だと思います。個々のパーツを細密に仕上げてからそれをパズルのように組み立てるのではなく、油絵を描くときのようにまずデッサンをして、全体を捉えてから少しずつ細部を描き込み、また色を重ねていく感じだと言えば良いでしょうか。このため、本書ではあえて同じ項目や話題を重複させている箇所が多々ありますが、そうした意図からの工夫であるとのご理解をお願いします。

第一章　歴史のとらえ方

1　歴史用語の基礎知識

歴史を理解する上で、重要なものに歴史用語がありますが、皆さんが歴史に触れるとき、最初にわずらわしく感じ、またつまずくのも、この歴史用語だと言っていいでしょう。しかし、本書でも歴史用語は使わざるを得ないので、まずは苦手意識の払拭《ふっしょく》のためにも、歴史用語とはどのようなもので、どのような特徴があり、どのように扱えば良いのか、ということから見ていきたいと思います。

鎌倉時代に「幕府」はあったか

教科書には、多くの歴史用語が出てきますが、それは大きく二つに分類できます。

一つは、同時代の言葉、つまり対象とするその時代に実際に使われていた言葉を、そのまま歴史用語として使っているものです。そして、もう一つが同時代には使われていない言葉ですが、歴史を理解するために別の時代の言葉を借りたり、また造語したりしたものです。

たとえば、「幕府《ばくふ》」という用語があります。源頼朝が東国に立てた武家政権が「鎌倉幕府」と呼ばれているのはご存知の通りです。しかし、「幕府」は中国を起源とする言葉で、元々は出征中の将軍が幕を陣に張りめぐらせて宿営したところを指し、これが転じて日本では近衛府や近衛大将の居館を指す言葉となり、さらに武家政権のことを指すようにもなるのですが、一般に幕府と広く呼ぶようになったのは、なんと江戸時代も末期になってからのことでした。しかし、歴史学ではこの言葉を借りて、鎌倉時代以降の武家政権の統治機構を統一して「幕府」と呼んでいるのです。

序章で触れた鎌倉幕府の成立に諸説が分立する理由も、結局はこの用語の問題なのです。つまり、当時の日本には、幕府という武家政権を意味する言葉はないので、それが一一九二年であろうが、一一八五年であろうが、頼朝がどこかの時点で「鎌倉に幕府を開く」と言うはずもなく、朝廷が頼朝に「幕府を開いてよい」と許可するはずもないのです。幕府の成立は、「何をもって武家政権の成立とすべきなのか」という問題となり、それはまったく歴史学者の解釈によることとなのです。

実際には、鎌倉幕府に相当する武士の政権のことを、朝廷では「関東」とか「武家」と呼んでいました。そして幕府側の武士たちも、「幕府」とは言わず、頼朝や頼朝の政権を「鎌倉殿《かまくらどの》」と称しています。「殿」とはいわゆる御殿《ごてん》のことで、そこから転じて人の敬称にもなっていく語ですが、同様に室町幕府の将軍邸や将軍自身も、その屋敷のあった地名から「室町殿」と呼ばれました。

また、鎌倉時代でも室町時代でも、征夷大将軍が実際に「将軍」と呼ばれることは少なく、通常は「公方《くぼう》」と呼ばれていました。公方とは、公《おおや》けの第一人者という意味です。江戸時代でも将軍は公方で、朝廷内部では天皇のことも公方と呼びました。そして、幕府のことは「公儀《こうぎ》」と呼ぶのが通例でした。

しかし、そうした実態は承知していても、歴史を研究し、また学ぶ上では、鎌倉、室町、江戸と続く武家政権を統一的に捉える用語が必要になるので、江戸時代末期に徳川氏の政権を批判的に指す言葉として通用しはじめた「幕府」が使われているのです。

江戸時代で言えば、時代劇などでも当たり前のように使われている「藩」という用語も、やはり同時代ではほとんど使われていません。まったく存在しなかった語ではなく、幕府が編纂した歴史書『徳川実紀《とくがわじっき》』などにも「藩」や「藩邸」という言葉はでてきます。しかし、一般的には各大名の統治機構＝家臣団は「家中《かちゅう》」と言い、たとえば薩摩藩であれば、じっさいには島津《しまづ》家《け》家中《かちゅう》で、町人などからは薩摩様のご家中などと呼ばれていましたが、この場合の薩摩は藩の名ではなく、単に領地の地名を言ったものにすぎません。

つまり、これも研究上、各大名が支配する領域やその組織機構を示す言葉が必要になるので、「藩」という用語が便利に使われているのです。実際に、藩という言葉が一般社会で頻繁に使われるのは、幕府がなくなった明治初年から明治四年の廃藩置県までの間のわずかな期間です。しかも、この時には、藩主の居所である城や陣屋の所在地名を藩名とすることになったので、薩摩藩の正式名称は鹿児島藩でした。

しかし、歴史学においていったん「藩」という用語が使われるようになると、「幕藩体制」とか「幕藩制国家」などという用語も研究の上では派生してきます。前者は、百姓・町人などを支配する幕府と藩の重層的な体制を示し、後者はそのような体制に基づく国家を指す歴史用語です。

学問としての歴史学では、これらの用語を使う時にはそれぞれきちんとした定義が必要なはずなのですが、研究者によって独自の解釈をする場合もあり、これがさらに皆さんを混乱させる元にもなっているのでしょう。

天皇号のいろいろ

次に、日本史を学ぶ上で最重要の歴史用語といえる「天皇」についても見ていきたいと思いますが、これを正しく理解している人も、じつは少ないのではないでしょうか。

天皇とは、飛鳥時代の天武《てんむ》天皇の時に成立した称号だとされています。本来は「すめらみこと」と読みますが、それがいつから「てんのう」と呼ばれるようになったのかは明らかではありません。天皇は、それ以前は「大王《おおきみ》」と呼ばれていました。

そして、天武天皇にしてもその在位中に「天武天皇」と呼ばれていたわけではありません。○○天皇といった呼称は死後に贈られるものだからです。これは現在でも同様ですが、その時代にまさにその位にある天皇は、「今上《きんじょう》天皇」あるいはただ「天皇」と呼ぶことになります。天皇は唯一人なので、それで十分なのです。

天皇の呼称には、いくつかの付け方があります。多くは「諡号《しごう》」と言い、その天皇の業績を賛美してつけられた呼称です。中国風と国風の二通りがあり、神武《じんむ》、綏靖《すいぜい》から元正に至るまでの中国風諡号のほとんどは、八世紀末に淡海三船《おうみのみふね》という学者が淳仁《じゅんにん》天皇の勅命により一括して撰んだものです。

その後は、不幸な生涯を送った崇徳《すとく》・安徳《あんとく》・順徳《じゅんとく》などに慰霊のため諡号が贈られたことを例外として、諡号は付けられなくなり、賛美の意を含まない「追号《ついごう》」が一般的になりました。単にその住居や葬られた陵墓の地名などを用いたもので、ある天皇の血筋や業績にあやかってその追号に「後」を付ける場合もあります。たとえば建武の新政を行った後醍醐《ごだいご》天皇は、天皇親政を行った理想的な天皇とされる醍醐天皇を尊敬しており、生前から自分の追号を決めていました。

長い間、号のなかった天皇もいます。たとえば、天智天皇の子の大友皇子に「弘文《こうぶん》天皇」の諡号が追贈されたのは、明治三年のことです。また、諡号の勅を出した淳仁天皇は、恵美押勝の乱の結果、淡路に流されて没したため諡号がなく、「淡路廃帝」と呼ばれていましたが、やはり明治三年に淳仁の諡号が贈られました。

こうした歴代天皇の呼称を、当時そう呼ばれていなかったからと言って否定してしまっては、歴史的な記述は煩雑になり、むしろ混乱のもととなります。呼び名がないと歴史は叙述できないので、後に贈られた名前であることは前提として、便宜的に天皇を呼んでいるのです。問題は、この前提を教えずに、言葉だけを暗記させているようなところにあるのでしょう。ちなみに、弘文天皇は明治政府が認めたといっても、『日本書紀』に即位の記述がなく、歴史学においては天皇であったかどうかに疑問があるので、教科書などでは大友皇子とされています。

「日本」はいつ成立したか

「国号」にも天皇号と同じような問題があります。

「日本」の国号が正式に定められたのも天武天皇の時代だとされていますが、国号がとくに意味を持つのは対外関係においてで、孫の文武天皇の時代、七〇一（大宝元）年の遣唐使が、中国に対して初めて用います。中国の歴史書『旧唐書《くとうじょ》』には、「日本国は倭国の別種なり、その国、日《ひ》の辺《かた》にあるをもって、ゆえに日本をもって名となす」と書かれています。

網野善彦氏は、これに注目して、それ以前には「倭人」はいたけれども「日本人」はいなかった（『「日本」とは何か』講談社学術文庫）と主張しています。そして、その政権の勢力範囲にはまだ東北中部以北や南九州は入っていないので、そこに住む人々は「日本人」ではなく、ましてや琉球やアイヌの人々は日本人ではなかった、としています。

これは、固定的な「日本」が古代以来ずっとあった、と多くの人が非歴史的な先入観を持っていることに警鐘を鳴らしたたいへん重要な指摘です。しかし、その当時にそれを指す言葉がなかったからといって、存在自体がなかった、というのも極論でしょう。縄文時代の日本人、というような言い方はおかしい、という意見ももっともではあるのですが、「日本列島に住んでいた縄文時代の人々」と無理に言い換えたとしても、日本列島という呼び方にしても日本という国号があってのものだと考えれば、どうにも言いようがなくなってしまうという意見もあるでしょう。

ここまで見てきたように、歴史用語や歴史上の人物、事物の呼称は便宜的に用いられているものだということです。そう認識した上であれば、皆さんもあまり歴史用語にナーバスになることはないことがわかるでしょう。

むしろ、大したものではないのだと気楽になって良いのです。

用語確定の難しさ

研究者の間にも、歴史用語をできるだけ当時の人々が使っていた用語に置き換えようという動きはあります。しかし、これもあまり極端に走ると、問題が起こります。

たとえば、「老中《ろうじゅう》」が、江戸幕府で政治を主導した役職だと習った覚えはあると思いますが、その役職は最初「御年寄《おとしより》」と呼ばれていました。年寄といっても必ずしも高齢のものが就任するわけではなく、年長者が集団のリーダーとなることが多いことから転じた言葉です。のちにじっさいに老中と呼ばれるようになってからも、将軍からは旧例の通り「年寄」と呼ばれ、大名などからは「御老中」と「御」を付けて呼ばれました。また、将軍の意を奉じて朝廷や大名などに発給する文書には老中たちが署名と判（花《か》押《おう》）を据えるので、老中は「加判《かはん》の列《れつ》」とも言われます。

老中の「中」は、「衆」と同じく複数人の集団への敬称です。つまり、「老中」は、本来は年寄の集団を呼ぶ通称で、正式な役職名というより慣行として呼ばれていたのです。こうなると、老中のことだけでも、老中、御老中、年寄、御年寄、加判の列とどれを選ぶのかの問題が生じてしまいます。

同様なことは、「側用人《そばようにん》」という職にもあります、五代将軍綱吉の時代、側近として仕えた柳沢吉保が「側用人」として権勢を誇った、と時代小説などでもよく描かれますが、この時代に側用人という役職名は、公的には使われていません。初代の側用人とされるのは、綱吉が将軍になる以前からその側近として仕えていた牧野成貞ですが、江戸幕府の記録である『幕府日記』には、牧野が側用人になったという記事はなく、老中に与えられるのと同じ従四位・侍従の官職に叙任されたことが記載されているだけです。後年、江戸幕府が『徳川実紀』を編纂した際、牧野のこの人事を、その時点では役職名が存在していた側用人への就任と解釈したということです。

そして、牧野以後の側用人は、「牧野備後守を見習って務めるように」というように将軍から命じられています。また、同じように側用人に任じられている人の間には、はっきりとした差が見られます。牧野が側用人を務めていた時期には、ほかに十一名が側用人に任じられていますが、職務内容や待遇において、牧野と柳沢吉保だけが別格の扱いをされているのです。

これは、役職に定まった名称や権限が必ずしもあるわけではなく、人によってその役職の内容が決まることが、役職制度の整った江戸幕府になってもあったということを表わします。とくに上層部においては、役職内容も属人的な色合いが強かったのです。

平安時代の官職などは、成文法である律令で定められているので確かにそこに書かれた官職名が使われているのですが、武家政権は慣習法の世界なので、実際にはあいまいなことが多いのです。

「鎖国」の由来

これは、事物の呼称だけでなく、歴史的な概念を表わす言葉でも同様です。

江戸幕府の外交体制を示す、「鎖国《さこく》」という誰でも知っている用語も、鎖国が開始された江戸時代前期から使われていた言葉ではありません。また、鎖国体制というのも、誰かが「これから鎖国をする」と宣言してとられた体制ではありません。いくつかの法令や指示、歴史的な事件の積み重ねの中でとられた体制の全体を捉えて、概念上「鎖国」と言っているにすぎないわけです。

ただし、鎖国という言葉は研究者が勝手に考え出した用語ではありません。十九世紀のはじめに、長崎で通詞役を務めていた志筑忠雄《しづきただお》が造語したものです。長崎の出島にあったオランダ商館で、医師をしていたドイツ人のケンペルが書いた『日本誌』という本があるのですが、この本の付録第六章にあった、逐語訳すれば「今日のように日本国を閉鎖してその国民が国内においても国外においても外国と通商を営むことを許さないことが同国にとって利益ありや否やについての研究」という長いタイトルの文章を志筑が翻訳して、それを『鎖国論』と名づけたことが、鎖国という言葉が登場した最初です。従って、鎖国体制が始まった十七世紀の言葉でこそありませんが、ほかならぬ江戸時代の海外への窓口である長崎に住んでいた人が、日本は「鎖国」という体制をとっていると理解していたことを示しています。

鎖国という言葉を一般の人が使うようになるのは明治以降のことではありますが、この志筑の造語を使うことによって、江戸時代の人間が体感したその特質が現代人である私たちにもわかるのです。もっとも、鎖国という用語を使うことによって、幕府が朝鮮や琉球と国交を持っていたこと、長崎ではオランダ人や中国人と貿易を行っていたことなどが意識されなくなる、という逆の問題点もあり、これを重視して、近年では「鎖国はなかった」という議論も有力です。

私自身は、日本の外交体制を鎖国と言っても問題はないように思いますし、そもそも鎖国だと考えていなければ、アメリカ使節ペリーが黒船四隻で来日して日本に「開国」を要求したことが、ついには幕府の倒壊を呼ぶほどまでの動きに発展したことが理解できなくなります。

歴史用語の定義について論争を行うことは必要だと思いますが、新しい歴史用語を提起することには慎重であるべきだと思います。自説を強調するために安易に新しい歴史用語を提起することは、研究に混乱をもたらすだけ、ということも少なくないからです。

さて、教科書に太字で出てくるような歴史用語であっても、あらためて眺めてみれば、ほんとうに当時使われていたのだろうか、と皆さんが思われる用語はたくさんあるはずです。また、研究が進んだがゆえに、実態にそぐわなくなった用語もたくさんあります。

しかし、用語の最大の目的は、用語が作り出す概念を共有して歴史への理解を深めることにあるので、研究成果も積み重なってくると、おいそれとこれを変えるわけにはいかなくなるということも分かっていただけるでしょう。

いずれにしても、歴史用語の実態はこのようなものなので、皆さんがあまり用語にこだわる必要はありません。ただ、機械的に用語を覚えるくらいならば、もう一歩踏み込んで、その用語の起源や由来にちょっと注意すると、さらに歴史への理解が深まり、実感が得られることも多いはずです。当たり前のことを言うようですが、恐れずかつ馬鹿にもせず、という態度が正しいはずです。

2　歴史学の考え方

歴史学とは何か。何をどうやって研究しているのでしょうか。皆さんにも歴史研究をせよと言うわけではなく、その概略、アウトラインを知っておくことが、まさに歴史に親しみ、歴史をつかんでいくためには有効だと考えているのです。歴史研究の基本的な考え方がどのようなものであるのか、感覚的にでも良いので理解してもらいたいと思います。今後、歴史書を読むとき、それが一般向けの本であっても、はっきりと読む目が変わってくるはずです。

歴史は科学である

私たちのような歴史研究者は、毎日の仕事でもあるので当たり前のように思っていても、どうも世間では理解されていないようなのが、「歴史は科学である」ということです。

歴史学を含め、人文科学は人間の行動や営みを研究テーマとすることが多いため、得てして情緒的な解釈や分析ばかりがなされているように思われているようです。しかし、歴史学においては、ごく単純な史実を求めるのにも、一つ一つ根拠を挙げ、一定の手続きに従った分析を行うことが求められています。

また、数学や物理、化学といった自然科学のようにスパッと結論の出ることが少なく、歴史事件の解釈、たとえば本能寺の変に黒幕はいたのかといったこと一つとっても、歴史学はつねに諸説紛々ではないかと思われてもいるのでしょう。

しかし、自然科学ほどには明解な結論が得られないことが多い点は否めませんが、自然科学でも実証実験が難しい理論物理学などでは専門家の見解が分かれることも少なくないですし、歴史学では、おそらく皆さんが意外に思われるほど多くの場合において、大多数の研究者の間では、ほぼ一致できる見解が通説として認められているものなのです。

例えば、本能寺の変の黒幕は誰だったのか、などという話も、皆さんはマスコミの影響で諸説がさも群雄割拠しているかのような印象をもたれているかもしれませんが、黒幕説を唱える研究者はごくごく少数なのです。それというのも、黒幕説の論者が根拠としている史料の信頼性が低かったり、史料の解釈が誤っていたりするとみられているからです。明解に黒幕説を否定する論考も、すでにかなり提出されています。

つまり、歴史も「科学的思考」の積み重ねなのです。

科学などと言うと、身がまえさせてしまうかもしれませんが、要するに論理的で理性的な思考と判断が歴史学においても重要だということです。とくに歴史学では、その科学性の根拠となる歴史資料、つまり「史料」がなんと言っても重んじられます。それも、単に史料があれば良いというのではなく、その信憑性、信頼性が常に問題になります。この史料の信憑性、信頼性を検討することを「史料批判《しりょうひはん》」と言って、歴史学における基本中の基本作業です。

裁判に例えて考える

史料批判をあえて分かりやすく例えるならば、刑事裁判の証拠調べを思い浮かべていただければ良いでしょう。

信憑性では、まず物証であれば、それが本物であるかどうか、捏造されたものではないかどうか、また証人であれば、偽証をしていないかどうかが問われるはずです。また、捏造などがされていないとしても、信頼性という点では、事件が起こってからできるだけ時を置かないうちに収集された物証や証言が重要視されるでしょうし、伝聞より直接の見聞の方に重みがあることは納得していただけるでしょう。

歴史学で言えば、ある歴史的事件に関して公家の日記などに関連する記述があったとして、まず日記が原本であるか写しであるかなどが問われ、当時書かれたものであったとしても、その公家が直接の関係者であるか、風聞で事情を聴いただけかの差は重要です。また、関係者であったとすれば、今度は逆に、その記述に自己を有利に見るバイアスがかかっていることも疑うべきでしょう。むしろ自分に不利、敵対する相手の方に有利な記述があれば、その内容にはかなり信頼が置けそうだということにもなります。

また、出所の全く違う複数の史料に、同一の事象について、同様の記述があれば、その内容には説得力があると言うべきです。裁判でも、相互に無関係な立場にある犯行目撃者の証言などが複数得られれば、証拠価値は高まるはずです。

一方で、歴史研究においては、複数の史料があったとしても、その記述内容が相反するとすれば、これはまさに裁判における弁護側対検察さながらで、研究者は証拠、証言を公平に見る裁判官のように、双方の史料を虚心坦懐に比較して、結論を導いてゆく必要があるのです。

歴史学における証拠である史料は、時代や事件によって精粗があります。古代史や中世史では、史料が少ないために大胆な推理も必要となるのですが、近世史以降になると史料が飛躍的に増えるので、できるだけ史料を集めて証拠固めをしようとします。このあたりは、専門とする時代によって研究の手法に違いがあります。

歴史研究者は、基本的な手続きとして、ある歴史事象を描き出そうとするときには、関係する史料を探し出し、それを正当に読み解いて「史実」を明らかにし、さらに個々の史実がどのような意味を持つのかを「解釈」し、さらに解釈の集積として、時代像や人物像を「イメージ」します。イメージとは、たとえばある時代を「こういう時代であった」とか、ある人物を「こういう人物であった」などと評価することです。

この「史実→解釈→イメージ」の流れも、裁判を例に取って考えて見ましょう。

まず、犯人の行動などは、目撃者の証言や、犯行現場の指紋などの物証といった証拠に基づいて、時系列を追って事実を認定することになるでしょう。これが「史実」を明らかにすることにあたります。もちろん、犯罪における証言、物証が欠けることなくすべて揃う犯罪捜査もほとんど無いでしょうから、証拠と証拠の間の空白は正当な手続きによって埋めていくことになります。

ある殺人事件で、凶器となる包丁を犯人が犯行直前にあわてて購入していた、という事実が物証や証言で明らかになった場合、これは、犯行現場で急に殺意が芽生えたのだとは言えない一方で、以前から入念に計画していた殺人だとも言えなくなるでしょう。裁判では、仮に犯人の自白が無くとも、犯行前後の行動などから、その殺意や動機を認定してゆくことがあるはずですが、これが歴史学においては「解釈」に当たるかもしれません。

歴史学においては、「犯人」の自白が得られることはほとんどありません。しかし、たとえば明智光秀の本能寺の変の前後の行動を複数の史料から史実として明らかにした上で、それがどこまで計画的なものであったか、と解釈することはできます。

そして、裁判では単に有罪、無罪だと判決するだけでなく、その事件がどういう事件であったのかの総括が行われますが、これが「イメージ」だということにもなるでしょう。つまり、本能寺の変とは、どういう事件であったかということです。

また、裁判では有罪無罪の判決が下されますが、歴史事象を完全に解明することはなかなか難しく、歴史研究では多くはあくまで「仮説」ということになります。しかし、一事不再理の裁判とは違って、どれだけ妥当性のある説かは、時を経ても歴史研究の場で争われることになるわけです。

　史料批判がデタラメであれば、これは犯罪捜査で証拠収集がいい加減なのと同じ事で、その研究は一顧だにされないことになります。証拠無しに、勝手な思い込みで人を裁けないのと同じで、史料もなく、思い込みだけで歴史を研究することなどできないのです。

　ここまでは、あえてアバウトであることを覚悟しての例えですが、歴史学の手続きが少しでも理解してもらえたでしょうか。

歴史研究者のスキル

　さて、皆さんに対してはまた少しハードルを高く感じさせてしまうかもしれませんが、専門レベルの歴史研究を行うためには、やはり史料の真偽を判定する最低限のスキルが必要だということをここであえて強調しておきたいと思います。

　それは、たとえば文書史料を見れば、史料原本であればもちろん、活字に起こされてすでに史料集に入っているようなものであっても、研究の素材として使ってよい史料かどうかがおおむねすぐにわかる、といったことです。一人前のすし職人であれば、素材とする魚の善し悪しは一目でおおよそ判別できるというのと同じことです。

また、活字だけでは良否の判断が難しい文書も、史料原本を見て、紙の質や大きさ、文字の書体などから、それが正本なのか、写しなのか、はたまた偽文書なのかを判断できなければなりません。

もちろん、専門家でもすべてを瞬時に断定できるわけではなく、ある史料が原本なのか写しなのか、その判断が研究者によって異なることも少なくないのですが、こうした最低限のスキルを身に付け、もしその文書に疑問を感じるとしたら、その史料を研究には用いない、という厳正さが歴史学では必要とされるのです。

京都府福知山市の御霊《ごりょう》神社に所蔵されている「明智光秀軍法書」と呼ばれる文書を例に、この問題を考えてみましょう。

軍法書とは、軍隊の編成や規律を定めたもので、明智光秀軍法書には、光秀の花押が据えられ、その中には、同時代の他の軍法書では見られない内容もあり、たいへん興味深いものです。

しかし、実際にこの文書を見てみると、そこで使われている書体は、少なくとも江戸時代に入ってからでないと見られないもので、文章もこの時代の文書に使われる平易なものとはまったく違って、とても難解な言い回しがされています。また、御霊神社は光秀を祀《まつ》るために、江戸時代に建てられたもので、この文書が奉納されたのは明治時代に入ってからです。

こうした諸点を考え合わせると、この文書を光秀が実際に制定した当時の軍法書と考えるには相当な疑問があるのです。しかし、この史料を光秀が発給した文書として扱う研究者もいます。

光秀の軍法書は、配下の武士に石高に応じた軍備を命じているのが特徴で、これは信長を始め、同時代の他の大名の文書には見られないものです。したがって、この文書から光秀の軍隊の画期性を見いだしたいと考える研究者の気持ちはわからないでもないのですが、その史料にしかない記述がある場合には、なおさら疑ってかかる、という姿勢が史料批判のセオリーなのです。そして、他の光秀の文書や同時代の同じ性格の文書と慎重に比較して、その文書が本当にその時代のものかを確定していかなければなりません。

この文書は、内容が目新しいだけに、理解しがたい不可思議な文章や当時のものとは違う書体などに留意する必要があるわけです。

研究者によっては、自分の解釈にこだわるあまりに、他の研究者の解釈を受け入れないことがあります。しかし、そうした場合にも、周囲の研究者が適否を判断していくことで、自然と説得力を持たない史料解釈は淘汰されていきます。

否定された「桶狭間」奇襲説

史料批判について、もう一つの例として、桶狭間の戦い（一五六〇年）について見ていきましょう。この戦いは、その兵力差から、まともにぶつかっては勝ち目のない織田信長が、間道《かんどう》を通って今川義元の本陣のすぐ北までひそかに進み、天気が変わって大雨が降り出した機会をとらえて、義元の本陣に奇襲をかけて勝利を得たものだ、とされていました。

しかし、藤本正行さんは、信長に仕えた太田《おおた》牛一《ぎゅういち》が書いた『信長公記《しんちょうこうき》』に、奇襲攻撃のことがまったく書かれていないことに注目し、奇襲説に対して疑問を提出しました。『信長公記』に従って、信長は雨が止んだのを機に正面攻撃を敢行し、押された今川軍の前軍が崩れて後方に逃走したため、義元の本陣までが混乱し、ついには信長に首をとられることになったのだ、と主張したのです（『桶狭間の戦い』洋泉社歴史新書y）。

ただし、それだけでは、なぜ兵力に劣る信長が勝利したのかが説明しきれていません。

そこで、今度は別の研究者が、『甲陽軍鑑《こうようぐんかん》』という史料によって、今川勢が当時よく行われた戦場での「乱取り《らんど》（人や物を略奪すること）」をしているすきに、信長が義元の本陣に接近して勝利したのだ、という主張をしました。

しかし、『甲陽軍鑑』は江戸時代初期に書かれた軍学書で、桶狭間の戦いから半世紀以上も時を隔てており、史実の究明にあたってはあまり信頼が置けない史料です。藤本さんも、『甲陽軍鑑』の史料的価値が劣ることから、やはり正面攻撃だったと反論しました。兵力に劣っていたとしても、実際の戦いではそういうことも起こり得る、というのが藤本さんの主張です。

たしかに歴史は算数ではありません。戦いは人数の多い方が有利に決まっていますが、その時の状況によって不意に逆転が起きる例も存在します。信長軍の勇猛果敢な攻撃に恐れをなした今川氏の前軍が退却し、それによって本陣が混乱に陥り、ついに総大将が討たれた、という藤本さんの説明には説得力があります。

このように、歴史学の論争は、史料に基づいて行われ、内容の異なる記述のある史料が並立している場合は、記述者の立場や史料の成立年代など、それぞれの史料的性格を吟味して、どちらが正しいか、またより信頼できるかを考えていくのです。『信長公記』

と『甲陽軍鑑』を比べれば、その時代を生き、しかも信長に直接仕えた人物が書いた『信長公記』に軍配をあげざるを得ません。

時代の観念

過去の歴史的時代には、それぞれ特有の「時代の観念」があります。歴史研究の上では、これが決定的に重要です。たとえば、「忠臣蔵」のモデルとなった赤穂事件では、「喧嘩両成敗」が武士社会の常識となっていたことを知らないと、事件そのものを理解することはできません。

事件は、主君浅野内匠頭が江戸城中で高家筆頭吉良上野介に斬りかかることで始まります。理由はともかく、殿中での刃傷事件ですから、内匠頭が切腹に処せられることはやむを得ません。事が主君の短慮から始まり、処分したのは幕府ですから、家臣たちが吉良を討つのは逆恨みのようにも見えます。

しかし、これを「喧嘩」だと見れば、解釈はまったく変わってきます。当時は「喧嘩両成敗」が「天下の大法」だとされていました。両者が喧嘩をしたのだとすれば、内匠頭が切腹なら吉良も切腹のはずです。内匠頭の家臣たちは、主君が喧嘩をしたとみなし、幕府が吉良に何の処分もしないことを「片落ち」だと考えます。そして、それを放置することは、赤穂藩士全体の恥になります。そのため、一年半後に赤穂浪人たちによる吉良邸討ち入りという第二の事件が起こったわけです。

こうした観念は、当時でも武士でないと、なかなか理解できないものです。そのため、『仮名手本忠臣蔵』などに劇化された時は、庶民にも討ち入りの動機が受け入れられるように、ことさらに吉良を悪者に描いています。赤穂浪人たちにとって見れば、吉良が善人だろうと悪人だろうと関係ないのですが、それでは観客が納得しないわけです。

しかし、大石内蔵助に至っては、もし隠居した吉良が、実子が養子に入って藩主となっている上杉家の領地米沢に引っ込んだとしたら、代わりに吉良の孫で吉良家の当主となった左兵衛を討ってもいいのではないか、とまで言っています。「喧嘩両成敗」を実現させることによって旧赤穂藩士の面子を立てようというのですから、相手は上野介でなくてもよかったのです。これは現代人にはにわかには理解しがたいところです。

このように、歴史にはその時代固有のルールがあり、現代の感覚で安易に過去を見ないことが大切です。こうした感覚は、当時の史料を大量に読み込んでいかないと、なかなか身につきません。現代的な視点から、史実をパズルのように組み合わせて独りよがりの解釈をする人もいますが、それは歴史学の立場から言えばまったくの論外です。

時代の正義

人間は、どの時代にあっても命が惜しい、ということに変わりはありません。しかし、命と引き替えにしてもよいとするその時代特有の価値観があります。赤穂事件で言えば、「武士の一分《いちぶん》」すなわち面子を立てることは、命以上の価値がありました。それは、赤穂浪人にとっては、絶対的な「正義」でした。

この正義を実現するため、赤穂浪人たちは、愛する妻や家族を捨て、討ち入りに参加していきます。彼らが残した手紙を読むと、残されていく者への深い愛情を持ちながら、武士に生まれた者として討ち入りはどうしても行わなければならない大義である、という思いが伝わってきて、胸を打ちます。彼らは、決して血に飢えた刺客ではなく、義を重んじ、武士としての生き方を貫こうとした人たちだったのです。

私たちが、多分に創作を含めて描かれた「忠臣蔵」モノにも感動するのは、やはりその中に、人として当然の行動を行おうとする彼らの自己犠牲の精神に感銘を受けるからだと思います。

こうしたことを理解していないと、討ち入りは自分の再仕官のために行った利己的な行為だったのだ、などという解釈も出てきます。歴史の新解釈の試みを否定するものではありませんが、歴史学という学問は、過去に生きた人たちを冒瀆《ぼうとく》するものであってはならない、と思います。真剣に考えて間違えるのは仕方がありませんが、単なる思いつきで、過去の人々を安易に断罪してはいけません。逆に、さまざまな史実の中で都合のよい部分だけを抜き出して、特定の人物を礼賛するのも戒めるべきだと思います。

たとえば歴史ドラマなどで、主人公とした人物を強引に英雄視したり、時代背景を無視して、たとえば戦国時代の人物を平和を追求した人物として描くようなことは、歴史学とは無縁の創作です。ドラマはエンターテインメント性が重要なので、やむを得ない面はあるのですが、読者の皆さんには、このあたりの感覚を是非理解していただきたいと思います。

3　歴史イメージと歴史小説

皆さんが持っている各時代への歴史イメージ、たとえば江戸時代や戦国時代に対して、こうした時代であったろうと思っているそのイメージは、どこから来たものでしょうか。残念ながら、学校の授業などではなく、歴史小説や時代小説、または時代劇や大河ドラマといったテレビ番組、あるいは漫画やゲームという方もいまでは少なくないでしょう。しかし、前項で示したように、正しい史実を積み重ねていかなければ、正しい歴史イメージも持てないことは分かってもらえているかと思います。研究者の言うことだから正しい、漫画だから間違っているなどと言うつもりはありませんが、やはり小説などの創作作品は、歴史そのものではありません。この違いを考えると、歴史とは何かも少しずつ見えてくるでしょう。

時代小説が描くもの

皆さんの普段の生活の中で、歴史に馴染みがあるものと言えば、まずはテレビ時代劇、そしてその原作ともなるような時代小説の人気作だと思います。多くは江戸時代を舞台として設定していますが、登場人物は実在した人もいれば、架空の場合もあり、本筋の物語はフィクションでも、背景として実在の事件が描かれることもあります。固い言い方をすれば、歴史の中からある一定の時空間を切り出して、そこを舞台として物語が展開される小説形式が時代小説だと言えるでしょう。

たとえば、池波正太郎さんの『鬼平犯科帳』は、江戸時代の中期に実在した旗本の長谷川平蔵が、江戸の盗賊など悪党を捕らえて裁くというもので、平蔵の活躍と人情味溢れる姿が人気を博しているのは皆さんもご存知の通りです。また、藤沢周平さんの『用《よう》心棒《じんぼう》日月抄《じつげつしょう》』は、青江又八郎という架空の浪人を主人公にしていますが、物語の背景として赤穂事件が描かれ、重要な役割を果たします。

もっとも、両者とも喜怒哀楽の情感が豊かな上に、いわゆる斬った張ったのアクションもあるエンターテインメントなので、実在の人物や事件が登場しても、誰も史実そのものが描かれているとは思わないでしょう。長谷川平蔵のことを実在した人物だと思っていない人さえ珍しくないはずです。それだけに、かえって研究者も安心して見られるところがあります。

ただし、小説の鬼平ほどではないにしても、実在の旗本長谷川平蔵宣以《のぶため》も、火付盗賊《ひつけとうぞく》改役《あらためやく》をつとめて確かに江戸の大強盗を何人も捕らえるなど活躍し、当時の江戸庶民のヒーローになっていますので、長谷川の人物造形がまったくのフィクションだというわけではありません。

また、藤沢周平さんの『たそがれ清兵衛』などでは、舞台になっている海坂藩《うなさか》そのものが架空の藩ではありますが、しかし藤沢さんは、海坂藩のモデルになった庄内藩酒井家の史料を丹念に調査し、ときには実在の事件を素材にし、藩の下級役人の役職などのことまでよく調べていますので、小説には実在感がとても出ています。

『慶次郎縁側日記』など、江戸の市井《しせい》の人々を描いて人気だった北原亞以子さんは、ある雑誌の企画で対談した時に、「江戸時代だと、現代小説ではあまりにくさい人情話でも、読者に自然に受け入れてもらえるので、そういう話が書きやすいんです」と仰っていました。

つまり、北原さんは江戸を描きながら、じつは現代の問題を描いていた、江戸という時代に仮託して人間の本質を探究して描いていた、ということです。そして北原さんは、自分の小説がフィクションであることをよく自覚しているがゆえに、その物語が真実味をもって読まれるように、江戸の空気を細やかに描くことに腐心されて、私のような研究者の話にもよく耳を傾け、小説の細部に間違いがないように努めていたのでしょう。そうした姿勢が、多くの読者を獲得した理由だと思います。

これは、もちろん池波さんや藤沢さんなど多くの時代小説家に共通した思いのはずです。

時代考証を楽しむ

こうして描かれている時代小説や時代劇の筋立てと、その道具立てとなる言葉遣いや衣装などの風俗、地理や政治組織などといった歴史的に実在したものとの整合性を考えることを「時代考証《じだいこうしょう》」と言います。作家さんの場合は、独自に勉強されることが多いようですが、テレビや映画では背景となる時代の専門研究者が協力を求められることが通例です。

但し、原作や脚本がある以上、それを尊重する必要があります。脚本段階で付けた研究者の意見が、撮影現場の都合で却下されることもよくあるようで、私もそうした経験がありますが、これは物語性をより大事にするということで止むを得ないことでしょう。

だいたい、現代人が演じる以上、いくら考証を緻密にして意を尽くそうとしても、自ずと限界があるというものです。よく言われる例ですが、江戸時代には既婚女性であればお歯黒の鉄漿《かね》をしているはずなのに、時代劇に歯を真っ黒にした女優さんが出てくることはほとんどありませんし、視聴者もそんなものは期待していないはずです。

たとえば、残念ながら二〇一一年に四十二年間の放映を終えてしまった『水戸黄門』では、視聴率が低下した要因として、黄門さまの髭をなくしてしまったことをあげる関係者が少なくないそうです。江戸時代は、基本的に髭をたくわえない社会ですから、黄門さまも髭がないのが正しい時代考証なのですが、それが視聴者のイメージする黄門さまと違ったために視聴率が落ちたというのです。まあ、それだけが原因ではないのでしょうが、時代劇があまりに史実に忠実だと、裏目に出ることもあるということの一例なのかもしれません。

これとは逆に、まさに緻密な時代考証そのものを武器にした番組もあります。ＮＨＫの『タイムスクープハンター』という歴史教養番組で、最近では映画にもなりましたが、私も時代考証に協力しました。ご覧になっていないと番組の説明が難しいのですが、未来のジャーナリストがタイムマシンで過去のさまざまな時代へ行き、その時代に独特の事象、事件を取材する、という設定で話が展開されます。つまり、登場人物が織り成すドラマが主ではなく、むしろ考証するテーマそのものが主役のような番組です。

江戸城の「大奥」をテーマにした回では、三千人の女中がいたと言われる女の世界でも、「お末《すえ》」と呼ばれた最下級の女中を主人公にした話でしたが、考証上の問題となったのは、そもそも男子禁制であるはずの大奥に「男性である未来のジャーナリストが潜んで入ることができたかどうか」でした。実際には困難だったと思いますが、当時の史料に「長持《ながもち》」（衣類、調度品を入れ、運搬用にも使える大形の箱）に忍んで男が大奥に出入りしたという噂があったので、それを根拠に潜入させています。

また、大奥から城の外に出る時にも、どのような経路をたどったか、江戸城の地図を持ち出して、大奥の玄関から切手門、梅林門を通って平川門を出る……、といったことを画面で示しました。こうした細かいところにまで留意しているので、この番組には隠れたファンが多いようです。ある時、大学の近くの喫茶店で本を読んでいると、二人の中年男性の話が聞こえてきました。

「『タイムスクープハンター』という番組があるんだが、妙に話がリアルでおもしろいんだよ。それに、役者の髷《まげ》が本当にリアルで、どうしたらあんなふうにできるのか不思議なんだ」

いいところに気づいてくれたと思いました。あの番組では、毎回、オーディションをして俳優さんを選んでいるのですが、出演する時には月代《さかやき》を剃って自毛で髷を結うのが条件なのです。出演した俳優さんと話すと、「おかげで、しばらく普通の番組に出られませんでした」とぼやく方、逆に「似たような役が付きました」と喜んでいる方の両者がありました。もちろん、長屋のおかみさん連中役の女優さんなどは、この番組ではいつもお歯黒をしています。こうして細部まで追究してゆけば、話全体は作り物であっても、人にはリアルさを感じてもらうことができるのでしょう。

時代小説や時代劇、また教養番組で歴史に親しむ人が増えれば、歴史学においてもサポーターが増えるようなものなので、私もできるだけ考証などの依頼に応えるようにはしています。

しかし、考証そのものを楽しむ場合や、また時代小説、時代劇のように、基本的に史実とフィクションが読者、視聴者にも容易に区別できる場合は良いのですが、歴史学との境目が分かりにくい、あえて言えば素人目には分からなくなると、この問題も少し複雑になってきます。

時代小説と歴史小説の違い

歴史を取り扱った小説には、これまで述べてきた時代小説のほかに、歴史小説と言われるものがあることはご承知の通りです。時代小説が、仮に実在の人物や事件を登場させても、その物語はフィクションを主体にして展開するのに対して、歴史小説は基本的に実在した人物を主に用い、ほぼ史実に即したストーリーが描かれます。

実際には、どこまで史実に沿うかには作風の違いもあり、架空の人物を交えて描かれる歴史小説も少なくないのですが、歴史研究者の歴史叙述とほとんど変わらないような歴史小説もあります。

戦前から活躍し、戦後間もなくから国民作家と賞賛された吉川英治さんは、最初は優れた時代小説を次々に発表していました。たとえば『鳴門秘帖』という作品は、他国者の侵入を許さない阿波国徳島藩を治める蜂須賀家の陰謀を巡って、幕府の美貌の隠密法月弦之丞が活躍する、という筋ですが、もちろんまったくのフィクションです。

ところが吉川さんの代表作である『宮本武蔵』になると、実在した人物である宮本武蔵を主人公としていますので、歴史小説だと見なすこともできるでしょう。しかし、じつは武蔵関係の史料はほとんど残っていませんし、吉川さんの筆致もさほど史実にこだわったものではありません。それでも吉川さんが創造した武蔵像は、剣の道に邁進することによって自己を鍛え上げた人物となっていて、多くの読者に影響を与え、その生き方を人生の指針とする人も少なくありませんでした。

とはいえ、歴史小説にしてはフィクションの要素があまりに強いので、あるいは西暦一六〇〇年前後の日本を舞台に借りた「時代小説」だと考えた方が良い作品なのかもしれません。この辺りの考察は文芸の研究者にお任せしたいところですが、最初は時代小説を書いていた作家が、執筆活動を重ねるに従って歴史に対する造詣が深くなり、次第に歴史小説を書くようになるという傾向があるようです。歴史小説の執筆には、参考とする史実の知識の蓄積が必要だということなのでしょう。そして、その蓄積にしたがって、歴史小説には歴史的人物や歴史事件、そして時代像に対する著者の考えが色濃く表れます。

たとえば、歴史小説の典型を作ったと言われる山岡荘八さんの『徳川家康』は、従来、「狸親父」的な人物としてイメージが悪く、評価の低かった家康を、平和を希求した人格的にも優れた人間として描いたものです。つまり山岡さんは、新しい家康像を提示しようとしたのです。おそらく山岡さんは、歴史学者が書いた家康の評伝などを参考資料として読み込んで、そうした人物像を作り出したのでしょうが、その人物像はあくまで山岡さんの創作と考えた方がいいように思います。

山本周五郎さんの歴史小説『樅ノ木は残った』も同様です。この作品は、NHKの大河ドラマにもなりましたが、江戸時代前期に仙台藩伊達家で起こった「伊達騒動」を題材にしています。このお家騒動は、歌舞伎の『伽羅先代萩《めいぼくせんだいはぎ》』の元ネタにもなっていて、講談などでも仙台藩家老原田甲斐《はらだかい》を悪臣と見る描写が通例となっていました。

ところが、山本さんはこれを翻して原田のことを、幕府大老・酒井忠清《さかいただきよ》による伊達家取り潰しの陰謀を阻止しようとする忠臣として描きます。山本さんの筆致とそのストーリー運びは、その説に十分な説得性を持たせるもので、また一方で従来の原田悪臣説など知らなくても十二分に楽しめる内容ですから、人気を呼んだのもわかるような気がします。江戸時代前期の幕府が、有力諸大名の取り潰しを狙っていたという議論は、山本さんの作品が発表された頃には歴史研究者の間でも通説ではありましたから、山本さんはその影響も受けていたのでしょう。

ただし、史実がどうであったかと言えば、その幕府陰謀史観とも言える当時の通説は、史料によって実証されたことではありません。もとより酒井忠清が伊達家取り潰しの陰謀をめぐらしていた、ということ自体は山本さんの創作であり、酒井の陰謀を強く推測できるような史料もありません。山本さん自身も、それが史実だと思って書いたわけではないでしょう。

しかし、こうした歴史的人物や事件に関する一般のイメージを新解釈で払拭するというのは歴史小説の大きな魅力の一つでしょうし、その意味でも『樅ノ木は残った』は傑作だと言えるでしょう。

思えば、少なくとも戦後のある時期までは、読者の方にも講談や幼少期に読んだ少年向け読み物で、源平、戦国、幕末の伝記、伝説の類が共通の常識としてある一方で、一般向けの歴史書などはあまりありませんでした。そのため、小説と歴史研究の二つは、まったく別の世界のものだったのだと言えるでしょう。

史実と司馬作品

これが、高度成長とともに情報化社会の時代を迎えると、歴史小説にも新しい書き手がどんどん登場してきて様相が変わってきます。

歴史小説と言えば、現在でもまず一番に名前が挙がるのは司馬遼太郎さんで間違いないでしょう。司馬さんの小説は、人物が躍動するとともに、その背景の時代が浮かびあがってきます。歴史小説の第一人者と目されるのはもっともなことで、尊王攘夷派の志士である『翔ぶが如く』の西郷隆盛でも、佐幕の立場にある『燃えよ剣』の土方歳三でも、司馬さんの筆にかかると、思想信条を超えて英雄的に描かれます。

当然、司馬さんがそう理解したからそのような主人公にしたのでしょうが、それはあくまで司馬さんの解釈であったはずです。

司馬さんも初期の作品は、太閤秀吉の暗殺を狙う忍者を描いて直木賞を受賞した『梟の城』など、フィクションの要素が非常に強い作品が多いように思います。『竜馬がゆく』でも、司馬さんが創造したエピソードがかなり入っていて、これはご本人も小説としてフィクションを交えていることを否定していないのですが、作中に取り上げられた話が、すべて史実に基づいていると勘違いしている人も多いようです。司馬さんの歴史小説は、史実を大事にしていることが特徴なだけに、そう思う人がいるのも無理のないところでしょう。

歴史小説が史実を大事にするのは当たり前のように思われるかも知れませんが、先の吉川さんの『宮本武蔵』では史実を離れた荒唐無稽のエピソードが多いですし、現代でもたとえば伝奇的要素の多い作品では、思い切りよく史実を無視している、つまり読者にも分かる形であえて史実に反していることが多いようです。

しかし、司馬さんの歴史小説ではそんなところがありません。フィクションを交えている場合でも、できるだけ史実に沿おうとする姿勢が見て取れます。これは、戦後になって歴史学が発達し、歴史上の人物を礼賛する目的で伝わってきた多くの伝承が否定されるようになり、さらに一般向けの歴史書も数多く出されるようになったので、歴史に対する知識が作家だけでなく、一般読者においても格段に豊かになったからでしょう。司馬さんと同世代以降の作家にも、大きく見て同様の傾向があるはずです。

中でも司馬さんは、小説を書くときに相当な量の関連の歴史書や資料を精力的に読み、史実を見落とさないように努力していたと言われています。そして、それがゆえに司馬さんが書くものは、「史実」としても読まれるようになってしまい、書かれるものをそのまますべて信じる読者も現れたということでしょう。

代表作の一つ、日露戦争を描いた『坂の上の雲』になると、司馬作品群の中でもその面がもっとも強くなり、司馬さん自身が文庫本のあとがきで次のように語っています。

「この作品は、小説であるかどうか、じつに疑わしい。ひとつは事実に拘束されることが百パーセントにちかいからであり、いまひとつは、この作品の書き手――私のことだ――はどうにも小説にならない主題をえらんでしまっている」（文春文庫版、第八巻）

『坂の上の雲』が舞台とした日露戦争関係の史料は、膨大なものが残っています。政府や軍の関係史料はもちろんのこと、従軍した兵士の日記などまでたくさんありますから、これをなぞっていくだけでもたいへんな作業です。

司馬さんは、これらの膨大な文献資料を読み、「日本騎兵の父」と称される秋山好古、連合艦隊参謀の秋山真之の兄弟、そして俳人の正岡子規を主人公にして、この時代を描いていきます。この中で日露戦争を「祖国防衛戦争」と考え、旅順攻防戦で死傷者六万人を出した陸軍第三軍司令官乃木希典を愚将として描くなど、司馬さん独自の考えが表明されています。

秋山兄弟も子規も乃木も実在の人物で、叙述も史料に基づいて行われていますから、これは歴史小説というより、歴史研究者が行う歴史叙述にきわめて近いものです。司馬さん自身も、この作品についてはそのように自覚していたのでしょう。

小説家の歴史家化

このような傾向は、史実への忠実度の違いはあれ、多くの小説家に共通するもののようです。小説を書くために史資料を読み込んでいくうちに、だんだんと歴史そのものから離れられなくなり、小説でありながら歴史叙述を行うようになるのです。

一方で、史実の調査は調査として、あくまでフィクションである小説に真実味を加える技法、と割り切る考え方もあります。場合によっては、史料に基づいて書いている、と断っておきながら、その一文自体がフィクションとしての仕掛けだという場合もあるので注意が必要です。

たとえば、辻邦生さんの『安土往還記』がそれにあたります。この小説の冒頭は、以下のように記されています。

「私が以下に訳を試みるのは、南仏ロデス市の著名な蔵書家C・ルジエース氏の書庫で発見された古写本の最後に、別紙で裏打されて綴じこまれている、発信者自筆と思われるかなり長文の書簡断片である」

これに続けてその「古写本」のテキストの詳細な紹介も書いているので、実際に存在する史料だと誤解してしまいそうです。しかし、そのような書簡は存在せず、内容は辻氏の創作です。ところが、小説そのものもイエズス会の日本報告や宣教師L・フロイスの『日本史』などを参考にして巧みに描かれているので、現実に存在する史料だと信じてしまった研究者がいたほどです。

遠藤周作さんの『沈黙』も、似たような技法を使っています。小説の末尾に「切支丹屋敷役人日記」という史料を載せているのです。これによって、小説に描かれたことが、史実に基づくものだという強い印象を与えることになります。

この史料はよくできていて、ほとんど当時の史料だと感じられます。それもそのはずで、実際に残る『契利斯督記《きりすとき》』という史料を、時に登場する人物の名前を小説に合わせて微妙に改変したものだからです。

紛らわしいことをしないでほしい、とも思いますが、これによって実際にあったことだと思わせる効果をあげており、小説の技法としては魅力的です。

歴史小説と歴史学との違い

さて、前項でずっと紹介してきた、歴史研究で決定的に重要なのは史料批判だということをここで思い出してください。歴史学では、史料価値の無いもの、低いものは扱うわけにはいきません。

一方、歴史小説であるならば、史料的価値の劣るものであっても、興味深い記述があれば、それに触発されて、「新しい解釈」に沿った小説を創作することは意味のあることでしょう。

たとえば、『武功夜話《ぶこうやわ》』という史料があります。信長や秀吉の家臣だった前野長康とその一族が遺した文書とされ、「前野家文書」とも呼ばれます。文書中には、信長や秀吉のことはもちろん、信長の夫人や蜂須賀小六、千利休などが登場し、墨俣城築城などのよく知られた出来事が描かれているものです。

この史料は、その出現の仕方から劇的でした。一九五九（昭和三十四）年の伊勢湾台風によって土蔵が崩れ、中を整理している時に発見されたとされ、八七（昭和六十二）年になって新人物往来社から『武功夜話』という題名で活字本が刊行されたのです。新聞記事やテレビ番組でもよく取り上げられ、一躍有名になりました。

こうした新史料が見つかると、作家の創作欲が刺激されるのはうなずけます。実際、この史料によって、新しい信長像を描いた小説がいくつも書かれました。

私のところにも、この史料を使って、歴史学の方でも新しい戦国史叙述ができるのではないかと、ある編集者から依頼がありました。しかし、活字になったこの史料を読むと、確かな史料として歴史研究に使っていいものだとは思えませんでした。同時代、つまり戦国時代の他の軍記物などの史料と比べた時、そこに使われている言葉や言い廻しが、まったく違っていたからです。そのためその依頼はお断りしました。

私は、文章に疑問があるため研究の素材としなかっただけでしたが、あまりにこの史料が第一級の史料として市民権を得ることになったため、当然その信憑性に対する批判も起こるようになりました。

史実を、あくまで良質な史料によってつきとめていくのが歴史家です。いかに興味深い記述があっても、同時代史料として文章がおかしければ、そうした信頼性の低い史料を研究の素材とすることは避けなければなりません。まともな大工が、虫の喰った材木で家を建てないのと同じことです。そんな材料を使えば、せっかく建てた家もそこから倒れていくことになるでしょう。

歴史小説と歴史学は、取り上げる時代やテーマが仮に同じであっても、手段も目的もまったく違います。歴史学者は、史料に基づいて時代像を描いていきます。史料がなければ、推測することすら禁欲的に抑制することが多いのです。

一方の歴史小説では、フィクションを交えることが文学としては許されます。もとよりそれが当たり前のことで、むしろそうすることによって独自の歴史解釈をしようとさえします。これは、文学性や物語性を損なうことにはならないからです。この場合、小説の中に書かれた話が「史実」であるかどうかを議論することは無意味なことになります。

研究と小説の共存

つまり、歴史学はあくまで学問であり、科学的な手続きに従うべきものですが、一方の小説にはそうしたルールは課せられていないということです。歴史学では、史実の究明にはもちろんのこと、新しい歴史像を提示する時にも史料的根拠が必要です。そして、この史料的根拠を基盤とするがゆえに、歴史学者の歴史観は、相互に批判可能なものです。これは、物理や化学といった自然科学の世界で新理論を展開する場合に、その論拠、論理を他の学者にも検証可能な形で提示しなければならないことと同様です。

しかし、小説にこうした論証を求めるのは無理というものです。最近は小説家に歴史研究者同様の姿勢を求める向きもあるようですが、これは筋違いとしか思えません。やはり、歴史研究と歴史小説は、そもそも目的も手段も違うものなのだとしか言いようがないのです。

また、あるいは、次のような話が参考になるでしょうか。

ある時、理学部の天文学の先生に、「どうして彗星や小惑星などの新天体を発見する人には、アマチュアの天文家が多いのですか」と聞いたことがありました。新聞でも報じられるような天体現象の発見に、意外と専門研究者が少ないことが気になっていたからです。

すると天文学の先生は、「天文学の先端では、彗星などの発見よりは、大きな電波望遠鏡を使って、ある一定の方向から地球に届く宇宙からの電波情報を継続的に受け取り、その数値の分析によって宇宙の大きさを推測したり、宇宙の成り立ちを究明したりしているのです」と教えてくれました。

日夜、望遠鏡を自在に思い思いの方向へ向けて新天体を探すような作業は、研究機関に属する天文学者はほとんどすることがないようです。もちろん彗星や小惑星の捜索、発見も、大いに天文学に資することは明白ですから、専門研究者とアマチュア天文家がうまく役割分担して共存しているということでしょう。

歴史学者と歴史小説家の違いも、これに近いものがあります。歴史小説家を歴史のアマチュアとするつもりはありませんが、同じく歴史を扱いながらも、その立ち位置は違うものだと言えるでしょう。

歴史小説では、誰もがよく知っている人物や事件をとりあげて小説にすることが多いようですが、歴史研究ではむしろ誰も知らないような人物や事件を入り口として史実を究明することがほとんどです。また、政争に誰がいかにして勝ったかというような政治のダイナミックな人間の動きよりは、制度的な政治システムの変遷を追究する方が研究手法としては主流です。そのため、歴史学者が世間一般の歴史ファンを驚かせるような新説を立てる、というようなことは、稀《まれ》なこととなるのです。

もちろん、天文学者であれば研究機関に属していようが彗星に無関心でないのと同様に、歴史研究者もメジャーな歴史トピックに関心がないわけではありません。しかし、一見地味な事例研究を積み重ねることによって、それまでの通説を修正する新しい視点が見いだされていくことを、研究者は知っているのです。つまり、一足飛びに通説を覆そうとして、特定の視点から史料を読むような真似は禁物なのです。

私の経験では、史料を虚心坦懐に読んでいるうちに、通説が想定していない新しい史実の発見があります。そして、それに導かれて仮説を立て、周辺の史料も読み直してゆくうちに、新しい説が浮かび上がってくる、というのが歴史研究の本来ある順序のように考えています。

東野圭吾さんの小説『ガリレオ』シリーズは、福山雅治さん主演の映像化作品も非常な人気でした。そして、決めゼリフの一つに、福山さん演じる天才物理学者湯川学准教授の「仮説は実証して初めて真実になる」というのがあり、実験で仮説を証明するシーンも見所でした。歴史学では実験はできませんが、仮説は史料によって実証することで初めて史実となります。科学的な手続きを重視する点では、歴史学も物理学の世界とまったく同じなのです。

第二章　歴史の法則と時代区分

1　歴史に法則はあるのか

皆さんの中には、歴史は原始・古代から現代へと、順を追ってまっすぐに進歩してきていて、しかもその進歩の過程には何か法則のようなものがあるのではないか、とこれまで漠然と考えていた方が多いと思います。しかし、それは確かなことなのでしょうか。まず、この問題について考えていきたいと思います。

「歩み」と「進歩」の違い

日本史の高校教科書の中でも定評のある『詳説日本史B』の冒頭には、「日本史を学ぶにあたって」というまえがきがあって、歴史を次のように定義しています。

私たちは今、21世紀の初頭という時代に生きている。現代の私たちは、複雑な社会や経済の仕組みの中で、多くの他国の人びとと交流しつつ生活しているが、そのような経済や社会、文化が生み出されるまでには、数百万年前からの、地球上における人類の長い歩みがあった。その歩みを知ろうとするのが、歴史という学問である。

人類の歩みを教えるのが歴史の授業の目的だとすれば、教科書では基本的に過去に起こった歴史事実を淡々と記述することになります。時にはそれぞれの政権の性格や個々の政策の意義、歴史的事件の裏面などが書かれる場合もありますが、大きな視点から歴史とはなにか、人類はどのように進歩してきたのか、歴史の法則性とはどのようなものか、などを正面から解説する記述はありません。

人類の歩みを知ろうとするのが歴史学だという定義はいいと思いますが、やはり端的に歴史はどうしてこのような道筋を歩んできたのか、という根本的な問いかけとそれに対する回答が欲しい、というのが皆さんの内面に持っている要望でしょう。

しかし、歴史研究者の多くは、すでに歴史があることを自明の前提として、それぞれの専門の時代の史実を明らかにすることを仕事としているので、普段はそうした考え方をあまりしません。いや、しないというより、現在では人類の進歩や歴史の法則性そのものについて、根本的な疑問が提示されるようになっているのです。『詳説日本史B』でも、「人類の長い歩み」とは書いていますが、「人類の進歩」とは書いていません。これはそのためです。

まず、この「人類の進歩」という考え方について、どのような議論がなされているかを見ていきましょう。

進歩史観に対する懐疑

冒頭に書いたように、多くの人は、原始・古代以来、時が経つとともに人類も進歩してきたのだ、となんとなく考えていたと思います。しかし、歴史学者の中では、そうした「人類の進歩」ということに対して懐疑的な人も少なくありません。たとえば、中国史・モンゴル史の研究者で、とくに遊牧民族の研究で大きな実績のある岡田英弘さんは、『歴史とはなにか』（文春新書）で、次のように述べています。

歴史には一定の方向がある、と思いたがるのは、われわれ人間の弱さから来るものだ。世界が一定の方向に向かって進んでいるという保証は、どこにもない。むしろ、世界は、無数の偶発事件の積み重ねであって、偶然が偶然を呼んで、あちらこちらと、微粒子のブラウン運動のようによろめいている、というふうに見るほうが、よほど論理的だ。

歴史の動きは無数の偶発事件の積み重ねだ、というのです。こうした立場からは、歴史に法則性があるなどということは、かつての歴史学者の妄想だ、ということになります。しかし、歴史書を読むと、その多くが、歴史をなんらかの法則性に基づいて動いてきたものだと説いている印象を受けるでしょう。これに対して岡田さんは、次のように説明します。

英語で歴史をヒストリー（history）と言うが、ヒストリーとストーリー（story）は同じことばだ。人間にとって、なにかを理解する、ということは、それにストーリーを与える、物語を与える、ということだ。ものごとを、これはなんだ、と名前を呼ぶだけでも、名前という短い物語をつけたことになる。物語がないものは、人間の頭では理解できない。だからもともと筋道のない世界に、筋道のある物語を与えるのが、歴史の役割なのだ。世界自体には筋道がなくても、歴史には筋道がなければならない。世界の実際の変化に方向がないことと、歴史の叙述に方向があることとは、これはどちらも当然のことであって、矛盾しているわけではない。

世界はたしかに変化しているけれども、それは偶然の事件の積み重なりによって変化するのだ。しかしその変化を叙述する歴史のほうは、事件のあいだに一定の方向を立てて、それに沿って叙述する。そのために一見、歴史に方向があるように見えるのだ。

歴史に法則性があるように見えるのは、個々の偶発的な事件の積み重ねに人間がストーリーを与えているからで、それが歴史学の役割だ、しかし歴史そのものには方向などはないのだ、と説明するのです。長年の歴史研究の末にたどり着いた結論だけに、これは説得力のある一つの立場です。

しかし、歴史上に発生した事件は、偶発的に起きるものも多いのですが、それぞれに因果関係があり、そこに通底する「動因」というものもあります。確かに岡田さんの言うように、歴史に何か法則があって、それに基づいて進んできた、と考えるほど単純な考え方はできませんが、歴史の動きをすべてブラウン運動のような偶然で説明することも私には極論に思えます。

人類史と自然法則

岡田さんのような考え方に対して、在野の歴史家で『逝きし世の面影』や『黒船前夜』などの名著で知られる渡辺京二さんは、『なぜいま人類史か』（洋泉社新書y）で次のように述べています。

そもそも人類史とは何か、そんな概念が成り立つのかという疑問もおありでしょうが、そこのところは深く立ち入ることは勘弁ねがいまして、人類が生れて今日の状態にまで至ったについては、なるべくしてそうなったと私が考えていることをまず申し上げておきます。なにを当りまえのことをとお考えになる方もありましょうが、そうではありませんで、人類なんてチャンスの産物であって、自然淘汰以上の理法なんて存在しないのだという考えも、今日の思想界には強力に存在するわけです。ところが私は、人類のたどって来た過程は人間から見て了解できる筋道があり、またそうである以上、これから人間がたどるべき行程にも同様の筋道があると思っています。筋道とは理法といい換えてかまいません。

人類の歴史には、「筋道」があるのだと宣言しています。それは、自然に法則があることを前提とし、「人間が自然の一環であり、自然の一環として進化して来たから」人間の作った歴史にも自然法則と同様の法則がある、とするのです。

確かに人間は自然の一環で、歴史の動きは大きく俯瞰すれば自然法則と同様の法則があるでしょうが、学問として研究する歴史はもう少しミクロな視点で行うものですから、これはあまりにおおざっぱなとらえ方だと言うことができます。

蛇足ながら、「人類なんてチャンスの産物であって、自然淘汰以上の理法なんて存在しないのだという考え」は、たとえば岡田さんのような考え方を指しています。それに対して渡辺さんは、人類史の法則をつかもうとしているわけです。

両者の議論は、一見すると正反対のように見えますが、しかし、じつは根底のところに共通点があります。それは、戦後の歴史学界に大きな影響を与えていたマルクス主義史観（唯物史観）への批判意識です。

マルクス主義史観は、主に各時代の生産様式に注目し、古代奴隷制→中世農奴制→資本主義社会→社会主義社会と人類が進歩してきたという発展段階説を唱えています。これに対し、岡田さんは、そうした法則性などはない、と断言したわけです。これはわかりやすい反マルクス主義史観です。

一方、渡辺さんは、生産様式の発展に対し、人類史というものを対置して、「自然の法則性」があるなら歴史にも自然法則と同じような法則が貫徹しているはずだ、と主張します。これも、マルクス主義史観への批判に他なりません。

私自身は、偶然に見える個々の歴史的な事件にも、それぞれの時代に一貫した動因や要因がある、と考えています。これは法則とは違います。歴史の上に生起する事件は、偶然に起こったことも多いのですが、その偶然をとりこみながら歴史を動かしているその時代に固有の「時代的な要因」というものがあると考えているわけです。それを理解できれば、歴史の流れが自然なものとして腑に落ちてくるはずです。

本書では、そういう姿勢で歴史のつかみ方を解説し、歴史の流れを概説していきます。歴史の法則などといえば難解な印象を与えてしまうかもしれませんが、まったく恐れる必要はありません。歴史を知るということは、前章でも述べたように、安易に法則性を見いだそうとすることでもなければ、すべてを単なる偶然だと考えることでもないということです。せめて本書を読む間は、こうした両極端の考えから離れて欲しいと思います。

2 「時代」とは何か――日本史の場合

時代とはどのように区分されるものなのか？　皆さんは疑問を持たずに当たり前のように受け入れているかもしれません。実際、学校の教育現場でもほとんど教えることがないようなのですが、しかし、ここには意外と多くの問題が含まれています。ちょっと難しい点もありますが、これも歴史をつかむ入り口になるはずです。

時代区分の意味

日本史でも世界史でも、多くの歴史の本では、時代を古代、中世、近代などと大きく区分しています。この時代区分は、ヨーロッパの歴史学に古くからあるものです。古代はギリシャ・ローマ時代、中世はゲルマン民族大移動の後に成立した近代ヨーロッパの原型を作った時代、近代は絶対主義国家時代以降を言います。

この伝統的な時代区分を理論化したのが、前項でも触れたマルクス主義史観による歴史学です。それぞれの時代に特有の生産様式がある、という考え方で、古代は奴隷制、中世は農奴制、近代は資本主義社会、という分け方をします。そして、こうした発展段階は、どの社会にも見られる法則だとするのがマルクス主義歴史学の特徴で、一時は日本の歴史学界でも古代は奴隷制で中世は農奴制だったというような議論が流行しました。

しかし、たとえば日本の古代にも奴婢などの奴隷的存在はいますが、基本的な生産活動は良民、つまり口分田《くぶんでん》を与えられ、税を負担した公民が行っていますので、奴隷制とは言えません。研究によってこうした実態が明らかになるにつれ、奴隷制や農奴制の定義をめぐって論争が繰り返されることもしだいになくなっていきました。

ところで、日本の歴史区分では、ヨーロッパの歴史学にはない「近世」という分類を立てています。日本の江戸時代は、まだ近代ではないのが明らかな一方で、中世の鎌倉・室町時代とはずいぶん違った社会になっているので、特別に近世という分類を立てたのです。ヨーロッパの歴史学に沿う形で、中世を「前期封建制」、近世を「後期封建制」という分け方をすることもあります。

近世は英語では「Early Modern」で、直訳調で日本語に戻すと「近代初期」の意になってしまいますが、ニュアンスとしてはむしろ「近代直前」の意で使われていて、最近では西洋史でも絶対主義時代を近世とすることがあり、近世という時代区分はしだいに海外でも市民権を持つようになりました。

さて、マルクス主義歴史学の時代区分を日本に適用するのは無理がありましたから、現在では、古代、中世、近世、近代という時代区分は、名前は残ってはいても、もはや半ばは便宜的なものになってしまっています。教科書でも、この大きな時代区分によって章を立てていますが、なぜその時点で時代が区切られているのかが、教科書の中ではほとんど説明されていません。多くの方が、授業でも教えられた記憶がないのではないでしょうか。何を基準にして時代区分するかについて諸説が並立しているので、具体的な記述や説明を避けているのだと言っていいでしょう。

しかし、古代、中世、近世、近代という区分が全く無意味で、それぞれの時代が独自の特徴を持っていないというわけでもありません。第一章で解説したように、研究者はそれぞれに違った歴史イメージを持っているので、学界で一致した見解があるわけではないものの、それでも古代とはなにか、中世とはなにかについての、おおよその共通認識、共通理解と言えるものはあるからです。

たとえば、中世史家である石母田正さんは、歴史学の古典的名著となっている『中世的世界の形成』（伊藤書店、一九四六）で、東大寺領荘園を舞台に、東大寺の古代的な支配（石母田氏はこれを奴隷制と考えています）の中で「悪党《あくとう》」という在地の武士集団の勢力が伸張していく過程を描いています。石母田さんは、この在地の武士集団こそ中世を象徴する存在であると捉え、東大寺領荘園の古代的支配を中世的存在である武士集団が打ち破ろうとする歴史過程を「中世的世界の形成」と命名しているのです。

このように、荘園制を「古代的」とし、在地の武士団を「中世的」と呼ぶような言い方が歴史学においては今でもよくなされます。これは、それぞれの時代に独特な確かな要素がある、という考え方です。

実際、研究上の史料となる文書の形式なども、おおむね時代区分にしたがって変化、対応しているなどのこともあり、研究者も自然に時代ごとに専門が分かれています。

ただし、繰り返しになりますが、その時代に対するイメージは研究者によってかなり異なります。たとえば日本の中世は、武家政権の時代である鎌倉幕府からとするのが一般的でしたが、平安時代後期からを中世とする考え方も有力になってきました。高校教科書でも『詳説日本史B』では、平安時代後期に摂関政治に代わって上皇が権力を握り政治を行う時代、いわゆる「院政期」からを中世としていますが、鎌倉時代からを中世とする教科書もあります。文科省の検定もこの点は柔軟なようです。

逆に、鎌倉幕府も寺社などと同じく、院政期に台頭したいわゆる「権門」の一つに過ぎないととらえる論者もいます。これは、鎌倉幕府に特別な地位があったとは認めないという考え方なので、理屈で言えば鎌倉時代も古代に入ってしまうことになります。

このような状態ですから、皆さんが時代をどこで分けるかにこだわる必要はまったくありませんが、時代区分がまったく無意味なものだと考えてもいけません。

実際の歴史は切れ目なく続いているものですが、それを研究している歴史学者はさまざまな指標を用いてそこに時代の変化を見いだします。その中の大きな変化を時代の切れ目、時代の画期だと捉え、そこで時代を分けているのです。

その意味で、時代区分はそれぞれの研究者の歴史解釈を示すもので、西洋中世史の泰斗だった堀米庸三さんは、「歴史研究そのものの本質的な操作」（『歴史をみる眼』ＮＨＫブックス、一九六四）としているほどです。

したがって、歴史の流れをつかむ上では、細かな学術論争は別にして、歴史学の世界で大まかにどういう時代区分がなされているかを理解しておくことはとても有効です。

大きな時代区分

では、具体的に時代区分に沿って、日本史を俯瞰してみましょう。

「原始」は、日本史においては人類が日本列島に住み始める旧石器時代から始まり、縄文時代・弥生時代までを言います。考古学の発掘の成果によってその存在がわかる時代です。「古代」は、文献によって日本の動きが推測される時代からを言います。

「歴史」とは、狭義には文字で記されるものを指すので、文字で歴史が描かれる時代を「歴史時代」または「有史時代」とも言い、また文献史料がなく考古学でしか研究できない時代を「先史時代」ということもあります。

その意味での日本の歴史は、中国の『漢書地理志』に、一世紀頃の日本が「それ楽浪《らくろう》海中に倭人あり、分れて百余国となる」と記されたところから始まりますが、ある程度まとまった記録が残るのは、『魏志倭人伝』によって伝えられる三世紀中頃の邪馬台国がその始まりです。

そして、三世紀後半からは西日本を中心に大規模な前方後円墳が作られるので、古代の中でもこの時期を「古墳時代」と言います。古墳の中でもっとも規模の大きいものが大和地方に見られるので、古墳を作るような各地の首長を統合した政治権力がこの地にあったと考えられ、それを「ヤマト政権」と呼びます。すなわち、古墳時代はヤマト政権が確立する時代です。

なぜ「ヤマト」とカタカナで書くかと言えば、「大和」は八世紀後半に律令制によって成立する現在の奈良県にあたる地域の行政区画名で、これと区別するためです。「ヤマト」は「倭」「大倭」などと表記されていました。もっとも、畿内に成立したヤマト政権は、やがて日本を統一したと考えられていますから、ヤマト政権の大王は、大和朝廷の天皇になり、現代の天皇家につながるということになります。

六世紀末、ヤマト政権は飛鳥（奈良盆地南部）の地に王宮を建設するので、これ以降を「飛鳥時代」と呼びます。この時代からは、『日本書紀』や『古事記』など、日本の文献にも比較的信頼できる歴史が描かれていきます。

「奈良時代」は、本格的な都である平城京が建設され、律令が国家や社会の基礎に据えられた時代です。日本の古代とは、畿内に起こった王権が先進的な中国の制度に学んで「律令国家」を作り上げる時代だと考えていいでしょう。古墳時代から飛鳥時代を経て、それが奈良時代に完成する、ということになります。

これに続く「平安時代」は、律令国家が変質していく時代で、これを「王朝国家」と呼んで区別しています。律令に定められた制度は残っていますから、平安時代中期の摂関政治の時代までは、古代に分類することが一般的です。ただし、王朝国家の時代も中世に含め、この国家が中世国家の第一の型だとする説も有力です（佐藤進一『日本の中世国家』岩波書店）。

平安時代後期には、天皇を退位した上皇が政治を握るようになるので、摂関政治の時代と区別して、「院政期」と呼びます。「院」と呼ばれた上皇が政治の中心にいたため院政と言うのですが、院政期においても摂政や関白は置かれています。しかし、「王朝国家」の慣行を無視して上皇が自由に政治を行うようになって摂関の地位は低下します。また武士が台頭してくる時代なので、この院政期以降を「中世」とする説が有力なわけです。

『詳説日本史B』では、中世社会の始まりを院政期とし、「私的な土地所有が展開して、院や大寺社、武士が独自の権力を形成するなど、広く権力が分散していく」ことをその理由にあげています。この歴史観では、「社会を実力で動かそう」とするのが中世社会だということになります。

日本の中世は、この院政期に台頭し始め、「鎌倉時代」「室町時代」を経て、戦国時代

原始	約3万6000年前～	**旧石器時代**…打製石器の出現
	約1万3000年前～	**縄文時代**（新石器時代）…磨製石器、土器の出現
	約2500年前～	**弥生時代**…水稲農耕が特徴。金属器の使用
		↑ここまでが先史時代
		↓ここからが有史時代
古代	1世紀頃	「楽浪海中に倭人あり」（『漢書地理志』）
	239年	「親魏倭王卑弥呼に制詔す」（『魏志倭人伝』）
	3世紀中頃～	**古墳時代**…前方後円墳が西日本を中心に出現
	266～413年	空白の四世紀（中国の史書に倭国関連の記述無し）
	593年～	**飛鳥時代**…奈良盆地南部に都があった
	710年～	**奈良時代**…平城京に都があった
	794年～	**平安時代**…初期、摂関期、院政期に三分
中世	1192年～	**鎌倉時代**…初の本格的武家政権の登場
	1336年～	**南北朝時代**…朝廷の力がはっきりと衰退
	1392年～	**室町時代**…政治的な不安定が続く
	1477年～	**戦国時代**…「世界」と本格的な接触が始まる
近世	1573年～	**安土桃山時代**…荘園制が完全に崩壊する
	1603年～	**江戸時代**…後期封建制とも呼ばれる
近代	1868年～	**明治時代**…資本主義による社会の登場
	1912年～	**大正時代**…大衆化が本格的になる
	1926年～	**昭和時代（昭和20年まで）**
		第二次世界大戦の終結後が現代
現代	1945年～	**昭和時代（昭和20年以降）**…占領下の時代、高度成長の時代
	1989年～	**平成時代**

に至る「武士の時代」であり、権力を獲得した武士は「幕府」を組織、形成して政治を行うようになります。武士は、主君から領地を安堵される代わりに、その軍事的指揮下に入って命をかけて奉公します。この主従関係を封建的主従関係、または封建制度と呼ぶわけですが、それに従って中世を封建時代と言うこともあります。

「近世」は、皆さんもよくご存知の織田信長・豊臣秀吉の天下統一に始まり、徳川家康によって江戸幕府が開かれ、それが終わるまでの時代を指します。しかし、この時代も武士が政治を行う時代なので、封建制はまだ続いているのです。そのため、前述のように中世を前期封建制、近世を後期封建制と分けて呼ぶことが歴史学では一般的です。

「近代」は、江戸幕府が倒れ、欧米に倣った政権を作る明治維新以後を言います。近代社会の特質は資本主義の発達で、日本の近代社会も資本主義の時代になります。

「現代」は、もちろん私たちがいま生きている時代のことですが、日本史では太平洋戦争の敗北後を現代に区分しています。

政権所在地による時代区分

前述の古代、中世、近世などをさらに実態的に細かく区分する場合には、日本史においては政権の所在地の移動によって分け、地名を時代の名称にすることが一般的です。皆さんも知っている奈良時代、平安時代、江戸時代などがそれです。こちらは中世、近世などに比べれば、その呼び方には議論の余地もないように思えますが、この時代区分もそれぞれ微妙な問題を含んでいます。

また、歴史学全体で見れば、政権所在地の移動で時代を分けることも自明のことではありません。中国史では隋、唐、宋、元、明、清などと王朝の交替で時代を区分し、古代ローマ史であれば、王政期、共和政期、帝政期と政治制度の変更で区分します。また、ヨーロッパ史ではイタリアで始まるルネッサンス（文芸復興）を中世から近代への大きな節目としています。そして、狭い意味での「世界史」そのものは、ヨーロッパの大航海時代を画期として始まると考えられてきました。

このように、時代を区分する指標はさまざまにあり、その国、地域の歴史の特質を考えたときに、それにふさわしい時代の画期をもたらしている指標を時代区分に用いているのです。これが、日本史の場合では、政権所在地だというわけです。ただ、これも絶対的なものでないことはもう理解していただいていると思います。では、その流れを追ってみましょう。

〔古代〕　この方法による時代区分の始まりは、先に述べた「飛鳥時代」です。しかし、政権所在地といっても古代においては実際には都を遷《うつ》すことがよくあるので、必ずしも政権所在地を厳密に適用しているわけではありません。

たとえば、六四五年、蘇我氏を打倒した中大兄皇子《なかのおおえのみこ》（後の天智《てんじ》天皇）と藤原鎌足《ふじわらのかまたり》が始めた政治改革である「大化改新」の時、都は飛鳥から難波宮《なにわのみや》（大阪市中央区）に移り、さらに大津宮（滋賀県大津市）に移っています。その後、天智天皇の後継者争いである「壬申《じんしん》の乱」に勝利した大海人《おおあま》皇子（後の天武天皇）は、飛鳥浄御原宮《あすかきよみはらのみや》（奈良県明日香村）で即位していますが、さらに藤原京（奈良県橿原市）という新しい都の建設を始めて、次代の持統《じとう》天皇（天武天皇の皇后）の時に遷都《せんと》しています。

七一〇年に、都は平城京（奈良県奈良市）に移ります。この時から七八四年に長岡京（京都府長岡京市）に遷都するまでの時代を「奈良時代」と言いますが、この時代の代表的な天皇である聖武天皇は、恭仁京《くにきょう》（京都府木津川市）、紫香楽京《しがらききょう》（滋賀県甲賀市）と遷都を繰り返しています。しかし、こうした細かいことを言い始めるときりがないので、大きく飛鳥時代、奈良時代とまとめられているのです。

その奈良時代にしても、期間はわずか七四年間に過ぎませんが、それでも平城京に都があった時期の前後で時代を区分することには意味があります。

奈良時代は、天皇家の中でもとくに天武天皇に連なる血筋の皇子・皇女《ひめみこ》が続けて天皇位についた時代です。そして、政争の中で天武天皇の血筋がほぼ根絶やしになった後、長岡京への遷都が行われ、さらに現在の京都の地に新しい都が建設されるわけで、この遷都は大きな政治の変化だと言うことができます。そのためここで時代を分けるのです。

新しく建設された都は平安京と呼ばれ、源頼朝が鎌倉に幕府を開くまでの約四〇〇年間を「平安時代」と言います。平安時代は、初期には天皇が政治を行うこともありましたが、中期以降は藤原氏が摂政・関白に任命されて政治を行う摂関政治の時代となります。平安時代は、『源氏物語』に象徴される雅やかな貴族のイメージがあり、「平安王朝」とか「王朝文化」などの用語もあります。日本史において、「王朝」と言えば、この時代を指すのが一般的です。そのため、学問上の概念である律令国家変質の時代も「王朝国家」と言うのですが、少しわかりにくい用語です。そして平安時代後期は、すでに述べたように「院政」の時代になります。

都の位置は同じでも、四〇〇年間も続くだけに、政治体制も一つではありません。ただし、政治体制はゆるやかに大きく二度変化するのですが、政治の中枢に関与する階層は勢力の変化はあるにせよ同じなのです。平安時代としてまとめる意味はあり、ここでも政権所在地で時代を区分する方法はそれなりに有効だと言えそうです。

〔中世〕　源頼朝が鎌倉に幕府を開いてからが「鎌倉時代」です。理屈を言えば、近代の明治時代になるまで天皇はずっと平安京に居住していたのですから、天皇に主権があると考えるのならば、そこまでを平安時代と呼んでもいいようなものですが、戦前の皇国史観に基づく歴史書でも、さすがにそうした言い方はしていません。やはり、何らかの規準で時代をある程度の期間で分けないと、歴史はとらえにくいのです。

鎌倉幕府以降、武家政権の所在地で時代区分をするようになるのは、日本のほとんど全国に及ぶ政治権力を武家が握るようになり、その政権の移動が時代の画期を示していると日本人が認識したからに他なりません。もっとも、鎌倉時代にはまだ幕府の支配領域は全国にまで及んでおらず、朝廷を無視することはできないのですが、教科書は幕府や武士の記述がほとんどを占めます。そのため、一般の方は、鎌倉時代には朝廷の力はほとんどなくなったと思っているかもしれませんが、衰退に向かいながらも、一定の権力は保持して荘園領なども維持し続けるのです。

さて、これまでたびたび触れてきた鎌倉幕府の成立時期に複数の説がある問題ですが、じつは、イイクニからイイハコに変更すべき、新しい史実が発見されたわけではありません。第一章で解説したように、「鎌倉幕府」は学問上の呼び方なので、何をもってして鎌倉幕府と呼ぶのかで、その成立年代が変わってしまうのです。つまり、史実を争っているのではなく、これはまさしく歴史解釈の問題なのです。

それでは、鎌倉幕府の成立はいつだと考えればいいのでしょうか。

学界では、成立時期をめぐって、一一八〇年、一一八三年、一一八四年、一一八五年、一一九〇年、一一九二年の六説が乱立しています。一番有名なのは皆さんも「イイクニつくろう」と習ってきた一一九二年説で、この年に頼朝は征夷大将軍に任命されています。これに対し、いま中世史研究者の間で一番有力なのは一一八五年説です。一一八五年は平氏が滅亡した年ですが、それが直接の理由ではなく、頼朝が、自分の勢力から離脱した義経らの探索を理由に、全国の守護・地頭の任命権などを朝廷に認めさせたことを政権誕生の根拠としています。「守護」「地頭」という存在はなかなかイメージしにくいと思いますが、簡単に言えば、律令国家に置かれた地方支配者である「国司」の権限を受け継ぐ存在です。それを任命できるということは、頼朝が国家機構の一部を代行する確かな地歩を築いた証しだと言えるのです。

各説の根拠は次頁の年表に掲げた通りですが、大きく分けて二つの立場があります。一つは武家政権の成立を重視する説（これを仮にA説とします）で、南関東軍事政権の確立である一一八〇年説、頼朝政権の政治組織が整備された一一八四年説がそれにあたります。

一方、朝廷から武家政権を認知されたことを重視すると、頼朝が右近衛大将に任命された一一九〇年説、征夷大将軍に任命された一一九二年説のどちらかになります（これをB説とします）。

そして、頼朝が朝廷から東国支配権を承認された一一八三年説、全国に守護・地頭の任命権を獲得した一一八五年説は、基本的には武家政権の成立を重視するA説の系統ですが、そうした権限を朝廷から認められているわけですからB説との折衷案と見ることもできます。

このように、何をもって鎌倉幕府が開かれたとするかは、現代の研究者の解釈次第な

	1180年	5月	以仁王、平氏追討の令旨を下して挙兵するが、敗死。
		8月	頼朝、挙兵するが石橋山の合戦で敗れる。
		10月	頼朝、鎌倉に本拠を構え、富士川の合戦で平氏に勝利。
A説（①）		11月	頼朝、侍所を設ける。
			（頼朝、この頃までに南関東一帯を支配下に置く）
	1181年閏	2月	平清盛、病死。
	1183年	5月	木曾義仲、倶利伽羅峠の戦いで平氏に勝利。
折衷説（⑤）		10月	頼朝、東国の支配権を承認する宣旨を得る。
	1184年	1月	源義経らの軍勢が、義仲を討って入京。
A説（②）		10月	頼朝、公文所、問注所を設ける。
	1185年	3月	義経、壇ノ浦の戦いで勝利、平氏滅亡。
折衷説（⑥）		11月	頼朝、全国に守護・地頭を置く権利を得る。
	1189年閏	4月	義経、藤原泰衡に衣川館を襲われ、自害。
B説（③）	1190年	11月	頼朝、右近衛大将、権大納言に任官。
	1192年	3月	後白河法皇、死去。
B説（④）		7月	頼朝、征夷大将軍に任官。
	1199年	1月	頼朝、死去。

のです。正解はありません。こうしたことを教師が授業でしっかり説明できるのならば、同じ史実を元にしていても歴史は解釈次第で書き方が変わる、ということを教える良い例になるのかもしれませんが、単にトピックとして年代の変更だけが注目されるのは、まさに混乱の元だと私は考えます。皆さんはどう思われるでしょうか。

十二世紀末に幕府は成立したものの、頼朝の血筋は三代で絶え、その後は京都から頼朝の妹の曾孫にあたる摂関家出身の九条（藤原）頼経を将軍に迎えました。これが摂家将軍で、後には皇族である親王を将軍に迎えます。政治・軍事の実権を握ったのが、頼朝の妻・政子の実家である北条氏であったことはご存知の通りですが、将軍の血統が変わっても政治の中心は鎌倉の地に続いてあったので、時代の呼び方はそのままです。

北条氏が世襲した「執権」の地位は、もともと政所別当（長官。複数いる）だった北条時政が称したもので、その立場はあくまで将軍家の家司《けいし》、つまり家政を司る者にすぎませんでした。いくら実力があっても、もともと伊豆国の在庁官人の家である北条氏では、将軍となる資格があるとは周囲の武士が認めません。北条氏自身もそう意識していたはずで、それがこの時代の観念だったと言えるでしょう。この執権北条氏が滅亡する一三三三（元弘三）年までの一四〇年あまりが鎌倉時代です。

鎌倉幕府滅亡後、後醍醐天皇が建武の新政を行いますが、やがて足利尊氏を中心とする武士たちが後醍醐の政治に反発して京都を征圧します。尊氏は後醍醐に代えて光明天皇を立て、一三三八年に征夷大将軍に任じられ、そのまま京都で政治を行います。

しかし、後醍醐天皇は奈良の吉野山に遁《のが》れ、光明天皇を認めません。つまり、天皇が二人いる状態になったのです。後醍醐の朝廷を「南朝」と言い、光明の朝廷は「北朝」と言う、ということには覚えがあると思いますが、これが「南北朝時代」です。

一三九二年になって南朝の後亀山天皇が皇位を放棄して京都に帰り、朝廷は北朝だけになります。これを「南北朝の合体」と表現しますが、江戸時代に水戸黄門こと徳川光圀が編纂させた『大日本史』では、南朝を正統な王朝とし、この見方が近代まで影響を与えます。しかし、現在の天皇家は北朝の系統になります。

南北朝の合体以前に、足利尊氏は幕府を創設していますが、時代区分では南北朝の合体後を「室町時代」と呼ぶのが通例です。この時代の政権所在地である「室町」とはどこでしょうか。京都にあったことは習った覚えがあると思います。三代将軍義満は、現在の京都御苑の北西に位置する一帯に豪壮な将軍邸を建設します。ここが「室町通」に面していたので、その名がとられたのです。同時代の人々も、その場所と邸にちなんで、歴代の将軍とその政権を「室町殿」と呼んでいました。

さて、そうした足利氏の幕府ですが、義満の頃は権勢を誇ったものの、基本的には弱体で、その政権は揺れ続けます。とくに一四六七年に勃発した応仁・文明の乱以後は、各地に地方権力が分立します。

この地方権力を担った有力武将を戦国大名と呼び、その時代を「戦国時代」としています。幕府の所在地だけで言えば、織田信長が十五代将軍足利義昭を京から追放するまでは室町時代のはずなのですが、南北朝時代、室町時代、戦国時代と分けて呼んでいるのが通例です。それだけこの時代の幕府の支配は弱体だったと考えてください。

〔近世以降〕　戦国時代は、織田信長・豊臣秀吉による統一政権の誕生によって終焉を迎え、次の時代を信長、秀吉の本拠となる城があった土地から名をとって、「安土桃山時代」と言います。

この時代の始まりは信長が将軍足利義昭を追放した一五七三年からになりますが、しかし、その時点で安土城はまだ築かれていません。築城開始でさえ一五七六年で、信長が居城とするようになったのはさらにその三年後です。

しかし、それでもまだ安土城は、琵琶湖東岸の安土（滋賀県近江八幡市）にあったこと、その荘厳な建築が明智光秀の本能寺の変のときに焼失してしまったことなどが広く知られていますが、桃山城というのは聞いたことがないと思います。

桃山は秀吉が関白を辞めた後に、伏見（京都市伏見区）に築いた城のあった地の呼称なのですが、城は伏見城と呼ばれ、桃山城とは呼ばれていません。それもそのはずで、その地が桃山と呼ばれるようになったのは、江戸時代になってからなのです。江戸幕府が伏見城を廃城にし、その跡地に桃が植えられたのでその一帯が桃山と呼ばれていただけなのです。

伏見城が晩年の秀吉が政治を行った城であったのは確かで、秀吉が没したのもその城中でしたが、関白として天下を統一した秀吉の政治は京都の聚楽第《じゅらくてい》で行われていますし、一貫して大坂城も居城にしています。今でも秀吉と言えば、大坂城を思い浮かべる人が多いので、たいへん分かりにくくなっています。

このように、政権所在地による時代の呼称は、明治に始まった近代歴史学がつけたものので、厳密な定義による命名などはされていないのです。しかし、これまでの研究の流れや蓄積を無駄にするわけにもいかず、また一般社会にも影響があるので、それがそのまま現在まで踏襲されているのです。

もっとも、研究者は安土桃山時代という言葉はほとんど使わず、織田、豊臣からそれぞれ一字を取って、この時代を「織豊期」、その政権を「織豊政権」と論文などでは記述するのが通例です。

ちなみに、江戸時代の学者たちは、政権を担った氏族の名を取って時代を区分するのが通例だったようです。たとえば新井白石は、その史論を展開した『読史余論』で、藤原、北条、足利、織田、豊臣など、政治を担った氏族の交替で時代を区分し、歴史を叙述しています。また同様に、明治時代の歴史学者の書いたものでは、江戸時代を「徳川時代」と呼んでいる例が数多くあります。

さて、その「江戸時代」ですが、一六〇三（慶長八）年に徳川家康が将軍に任官したことが起点になります。これを「江戸幕府を開いた」と表現しますが、しばらくは伏見城が政治の中心となっています。ただし江戸を本拠とする家康が将軍に任官したことによって、豊臣家に代わって政権を創り上げることができたのですから、鎌倉幕府のような成立年代の論争もありません。家康の将軍任官から、十五代将軍徳川慶喜が政権を朝廷に返上した、いわゆる「大政奉還」を行うまでの二六五年間を江戸時代と言います。

　近代は一八六七年の明治新政府の樹立から太平洋戦争の敗北まで、現代はそれ以降の今日までですが、言うまでもなく首都の所在地は一貫して東京です。このため、近代以降は一代の天皇に一つの年号の「一世一元」の制度になったことに合わせて、そのまま年号で時代を区分して、明治時代・大正時代・（戦前の）昭和時代というようにして分けます。

　そして、教科書では現代を昭和二十年から始まる占領下の日本、高度成長の時代、冷戦終結後から現在までに三分割していますが、この辺りはさすがに細々と説明しなくても、皆さんも実感やイメージのあるところだと思います。

3　文化史の時代区分

ここまで、時代が古墳時代、飛鳥時代、奈良時代、平安時代、鎌倉時代……と区分されることを見てきましたが、しかし、こうした区分は主に政治的な歴史の動き、つまり政治史に呼応するもので、これとは別に文化史の時代区分があります。こちらも学習した記憶がおありだと思いますが、その流れも見てみましょう。

古代の文化

文化史の時代区分は、考古学で歴史を推測している時代までは「縄文文化」「弥生文化」「古墳文化」という言い方がされます。これは普通の時代区分と同じなので、問題はないでしょうが、たとえば飛鳥時代が「飛鳥文化」と「白鳳文化」の二つの時期に区分されるところからは、学生時代に混乱された方も多いのではないでしょうか。

飛鳥文化はおおむね七世紀前半の文化で、蘇我氏や王族（現在の天皇家の先祖）によって広められた仏教中心の文化です。聖徳太子（厩戸王《うまやとおう》）が創建したと言われる法隆寺や中宮寺、仏像では法隆寺夢殿の救世観音や広隆寺の半跏思惟像が、その代表的なものです。

飛鳥文化に続くのが白鳳文化で、七世紀後半から八世紀初頭の文化です。この時期は、天武天皇・持統天皇の時代で、遣唐使によって伝えられた唐初期の文化の影響を受けています。すでに述べたように、「天皇」号の使用は天武天皇に始まり、国号として「日本」が正式に用いられるようになったのもこの時代からです。

中国の制度、法律である律令制が取り入れられ、「律令国家」の成立した時代でもあります。つまり、律令国家成立期の文化が白鳳文化だということになります。代表的な文化財は薬師寺東塔、高松塚古墳壁画などです。

奈良時代は、「天平勝宝《てんぴょうしょうほう》」「天平宝字《てんぴょうほうじ》」など四文字の年号が使われた時代で、その年号の一部をとって「天平文化」と呼び、時期的には奈良時代＝天平文化です。とくに仏教が重んじられた時代で、東大寺に大仏を造立し、全国に国分寺・国分尼寺が建立され、唐から高僧鑑真を招来し、唐招提寺も建立されました。また、日本の古代史の基礎史料である『古事記』や『日本書紀』が完成したのもこの時代です。文学の分野では、奈良時代までを「上代文学」と言っています。

平安時代は、四〇〇年も続くので、三つに分けられます。

まず九世紀末頃までの文化をその年号から「弘仁《こうにん》・貞観《じょうがん》文化」と言います。この文化の特徴は、漢文学の発展、最澄や空海による唐からの密教の伝来などで特徴づけられるので、「唐風文化」とも言います。

八九四（寛平六）年、菅原道真の建議によって遣唐使が中止され、次第に中国文化の影響から離れて日本独自の文化が生まれてきます。この十～十一世紀の文化が「国風文化」で、摂関政治の時代に対応しています。かな文字が発達して勅撰和歌集である『古今和歌集』が編纂され、女流文学がさかんになります。女流文学は、藤原道長の時代、紫式部の『源氏物語』で頂点を迎えます。文学の分野では、「中古文学」と呼び、最も研究が盛んな時代です。それ以後は、「中世文学」、「近世文学」で、特別な呼び方はありません。絵画では、日本の風物を題材とした大和絵が描かれるようになります。

大まかに言えば、藤原氏が他氏を排斥して権力を握るまでの抗争の時代が唐風文化の時代で、藤原氏が天皇家の外戚となり、摂政・関白となって政治を行う時代が国風文化の時代となります。藤原家では、藤原不比等の二男である房前の「藤原北家」の血統がとくに有力になり、後にはこの血統がさらに五家に分かれ、五摂家と呼ばれます。

こうして見ると、文化の呼び方は、都の位置だったり、年号だったり、唐風・国風という性格だったりと、一定していません。これも皆さんが混乱してしまう理由でしょう。分かりやすいように表に掲げておきました。

旧石器時代	**旧石器文化**…狩猟・採取の生活
縄文時代	**縄文文化**…弓矢の使用、漁撈の発達
弥生時代	**弥生文化**…墳丘墓、祭器の使用
古墳時代	**古墳文化**…土師器、須恵器の登場
飛鳥時代	**飛鳥文化**…仏教中心の文化
	白鳳文化…律令国家成立期の文化。唐初期の影響が大
奈良時代	**天平文化**…最盛期の唐の影響を受けた国際性ある水準の高い仏教文化
平安時代	**弘仁・貞観文化（唐風文化）**…密教芸術の興隆
	国風文化（摂関期の文化）…かな文字、かな文学の発達
	院政期の文化…武士、庶民の文化が取り入れられる
鎌倉時代	**鎌倉文化**…武士による質実な文化
南北朝時代	**南北朝文化**…自らの正統性を示す歴史書が作られる
室町時代	**北山文化**…公家文化と武家文化の融合、華麗
	東山文化…禅宗の影響を受けた幽玄・侘の文化
戦国時代	------文化が地方にも波及、分散--------
安土桃山時代	**桃山文化**…雄大華麗な城郭建築、障壁画など
江戸時代	**寛永文化**…儒学（朱子学）を中心とする
	元禄文化…町人を中心とする多彩な文化
	（宝暦・天明期の文化）…洋学（蘭学）による科学知識の吸収
	化政文化…都市の成熟による庶民の文化
明治維新	-------------文明開化---------------
	（以下略）

中世の文化

十一世紀後半からの院政期には武家勢力の台頭があり、文化的にも摂関政治の時代とは変化していますので、この時期の文化を「院政期の文化」と呼んで分けています。武士が台頭した地方社会や庶民生活への関心が反映された文化で、『将門記』などの軍記物や『今昔物語集』などの説話集が成立します。七五調の民間歌謡である今様が貴族社会でも流行し、後白河法皇はそれを集成した『梁塵秘抄《りょうじんひしょう》』を編集しています。

鎌倉時代の文化は、そのまま「鎌倉文化」と呼ばれます。法然や親鸞、一遍、日蓮、栄西、道元らの僧が新しい仏教教派を立て、仏教美術にも大きな変化がある時代です。

武士の時代になって、『平家物語』などの軍記物や『宇治拾遺物語』などの説話集も、院政期に続いて多く成立します。吉田兼好の『徒然草《つれづれぐさ》』、鴨長明の『方丈記《ほうじょうき》』などの随筆もこの時代の成立です。合戦の連続の中で、人々の間に無常観が生まれ、宗教に救いを求めた時代らしい特徴があります。鎌倉時代の後期には、幕府の歴史を書いた『吾妻《あづま》鑑《かがみ》』が編纂され、朱子学も伝えられました。古代以来のものと考えられている神道も、実際にはこの時代に、伊勢外宮の神官度会家行《わたらいいえゆき》によって伊勢神道が形成されたのです。

南北朝時代の文化も、そのまま「南北朝文化」と言うこともあります。南朝が正統であることを主張した北畠親房《きたばたけちかふさ》の『神皇正統記《じんのうしょうとうき》』、南北朝の動乱を描いた『太平記』などが、この時期の代表的な作品です。これは、鎌倉時代末期に伝えられた朱子学の大義名分論が大きな影響を与えています。

室町時代の文化は、南北朝合体を実現した三代将軍足利義満の時代の文化を「北山文化」、応仁・文明の乱の頃の八代将軍足利義政の時代を「東山文化」と言います。これは、その文化を象徴する建築物である将軍の山荘のあった地名からとったもので、義満の建てた金閣寺があるのが北山、東山とは義政の建てた銀閣寺がある場所で、現在でも京都市内で通用している地域名です。

北山文化は、水墨画や建築・庭園様式、能など現在の日本の伝統文化の基礎を作り上げました。東山文化はそれらを発展させるとともに、茶道や生花などの基礎も作られました。いわば、現代日本に直接繋がる伝統芸能が創出されたのが、この時代なのです。

近世の文化

安土桃山時代の文化は、「桃山文化」と言います。安土・桃山文化とは言いませんが、この時代の象徴は、豪華華麗な安土城と大坂城です。城内の襖や壁には狩野永徳や狩野山楽によって濃絵《だみえ》の障壁画が描かれ、家具や調度も装飾性の強いものになりました。一方、海北友松や長谷川等伯は日本独自の水墨画も描きました。秀吉が夭逝した愛児鶴松のために建てた祥雲寺の障壁画が等伯の代表作で、現在は京都の智積院に残されています。千利休は、簡素な侘茶《わびちゃ》を完成させました。

江戸時代の文化は、やはり期間が長いので、三代将軍家光の頃の「寛永文化」、五代将軍綱吉の時代の「元禄文化」、十一代将軍家斉の時代の「化政文化」に分けるのが一般的です。三つとも年号からとっていて、「化政」は文化と文政を合わせたものです。

寛永文化は京都を中心にした公家文化ですが、武家がパトロンとして大きな働きをしています。この文化を代表するのは建築では日光東照宮、絵画では俵屋宗達の「風神雷神図屏風」です。また、儒学が武士や庶民に普及し始め、陽明学なども学ばれました。

元禄文化は、上方の武士や上層町人が担った文化で、井原西鶴の浮世草子（小説）、近松門左衛門の『曾根崎心中』などの脚本が代表的なものです。歌舞伎が演劇に発展し、浮世絵の版画も生まれました。水戸光圀が『大日本史』の編纂を始めたように、歴史への関心も強くなり、『万葉集』や『源氏物語』の学問的研究も始まりました。

元禄文化と化政文化の間に、本居宣長によって大成される国学の発達や、杉田玄白らの『解体新書』の翻訳に象徴される蘭学の発達がありました。

化政文化は、江戸の庶民中心の文化です。文学では滝沢馬琴の『南総里見八犬伝』などの読本、美術では鈴木春信や葛飾北斎の錦絵など、学問では蘭学が広くヨーロッパの学問を学ぶ洋学に発展していきました。

八代将軍吉宗が政治を改革した享保期、老中田沼意次が政治の中心となった天明期は学問の分野で大きな変化があるので、『詳説日本史B』では、「宝暦・天明期の文化」の項目を立て、「洋学の始まり」と「国学の発達と尊王論」を解説するようになっていますが、中学校の教科書では、これらは化政文化のところで「新しい学問」としてまとめて説明しています。

近代の文化

近代以降の文化は、明治の文化、大正から昭和初期の文化、一九三〇年代を中心とした文化に分けます。明治の文化は、西洋文学に影響された小説の成立、絵画では黒田清輝らの洋画、建築でもイギリス人建築家コンドルによる鹿鳴館などが代表です。近代国家となり、欧米文化をお手本にした日本なりの西洋文化が特徴だと言えるでしょう。

大正から昭和初期は、市民文化とも大衆文化とも呼ばれるように、国民生活が消費社会化した時代の文化だと言えるでしょう。百貨店での買い物、カフェやビアホールの人気、ラジオ放送の開始、新劇の発展、文学では中里介山の『大菩薩峠』などの大衆小説が人気を博し、小林多喜二の『蟹工船』のようなプロレタリア文学も流行します。

一九三〇年代を中心にした文化は、便宜的に昭和初期の文化、戦時下の文化と呼ばれ、「エロ・グロ・ナンセンス」と表現される享楽的な大衆文化が特徴です。ラジオ放送の普及やレコードの発売によって、古賀政男作曲の「酒は涙か溜息か」「影を慕いて」などの歌謡曲が大ヒットします。

現代も含め、大衆化が進んだあとの時代は、一般庶民の生活の中にまで文化が溶け込んでいますので、ここからは教科書でも社会や生活の項で触れられることになります。

翻って言えば、現代の私たちは、政治と文化はあまり関連がなく、むしろ対極的なものとさえ考えがちですが、近世以前にあっては、文化は政治の動きとむしろ密接な関係があったので、これまで見てきたように、政治史と文化史は、その画期となる時代の切れ目が重なることが多いのです。これは、権力者がパトロンになって文化の華が開いた時代にあっては当然のことと言えるでしょう。

江戸時代以降は政治権力からある程度自立して文化が発達するようになりますが、文化に開明な政策を取った田沼意次の時代にそれまでは規制が強かった蘭学が発達し、議会制が根付いてきた大正天皇の時代に大正デモクラシーに影響された文化的な動きが起こるなど、実際には政治の特質と密接に関わっています。

古代から現代までの時代と文化の流れを、その呼称とともに概観してきましたが、まず大きな時代区分があって、それをさらに細分化して文化の特徴を説明する、という形になっていたことがわかると思います。ただし、こうして全体を俯瞰すると、時代の呼称も文化の呼称もきちんと定義されたものではなく、その区分にもゆれがあり、やはり多分に便宜的な面も多い、「目安」に過ぎなかったことが実感されたでしょう。

そうした呼称を覚えさせられていたことを不満に思われる方も少なくないかもしれませんが、しかし、このような呼称は慣習的なものでもありますから、統一した基準を作って新しい名前を考えるよりも、これまで呼び習わされてきた呼び方をそのまま覚えてしまった方が、やはり混乱も少なく相互の理解も早いのです。

第三章　日本史を動かした「血筋」

この章からは、具体的にそれぞれの時代の流れを見ながら、歴史のつかみ方にも言及していきたいと思います。紙幅の都合があるので、日本通史とまではいかないのが残念ですが、日本史を時系列で追いながら、教科書などが触れないがゆえに誤解が多い問題、また、ちょっと視点を変えると理解が深まるような点に重点を置いていきたいと思います。また、時代の画期についても注意していきましょう。

さて、歴史を動かす要因には、外国との関係、経済、思想、文化、天変地異などさまざまなものがありますが、日本の古代史においては、天皇がその血筋、つまり「皇統」をどう継続させるかが大きな役割を果たしています。しかし、その現れ方は、時期によって一様ではありません。それは、取りも直さず、日本という国家の変化を示しているように思います。

1　ヤマト朝廷とは

邪馬台国論争

すでに述べてきたように、古代史における最大のトピックに邪馬台国論争があります。邪馬台国が九州にあったか、畿内にあったかを論じるものです。『魏志倭人伝』には、邪馬台国に至る道筋や距離が書かれ、それをどう解釈するかによって意見が分かれるため、佐賀県でこの頃のものと推定される吉野ヶ里遺跡が発掘された時には、九州説が勢いづきました。しかし、吉野ヶ里遺跡は、統一国家のものとしては小規模であることから、現在では邪馬台国とは別のものだと考えられています。

さて、それにしてもそもそも九州か畿内かによって、歴史の何が変わるのでしょうか。大きなポイントは、もし九州であるならば、それは後に成立するヤマト王権とは別の勢力だという可能性が高くなり、畿内であるならば、それはヤマト王権につながる政権である可能性が高くなります。つまり、日本の王権の成立時期をめぐる論争なのです。

現時点では決め手がなく、研究者は実際のところあまりこの論争には関与していません。

しかし、根拠となる文献史料が『魏志倭人伝』だけですから、逆に一般の歴史ファンでも自分なりの解釈を巡らすことができます。古代史の謎を自分も解くことができるかもしれないという状況が、論争に熱を帯びさせる理由でしょう。実際、こうしたところから説得力のある説が提示されることもあるかもしれませんから、論争自体を否定するものではありません。しかし、日本側の文献史料がまったくない時代のことなので「どの説も想像の域を出ない」という認識は必要です。

出土した鉄剣の意義

邪馬台国論争は、よほど有力な遺物が発掘されない限りは、なかなか決着がつかないと思いますが、「ヤマト政権」の成立については、埼玉県行田市の稲荷山古墳で出土した鉄剣の銘から重大な知見がもたらされています。

行田市の周辺には埼玉《さきたま》古墳群と呼ばれる多くの前方後円墳が残っていて、当の鉄剣は一九六八年に出土していましたが、一九七八年の調査によって、刀身の赤錆びの下に隠れて金の象嵌で銘文が書かれていたことがわかったのです。

それによると、ヲワケという鉄剣の持ち主が、ワカタケル大王に仕え、天下を治めるのを補佐したこと、それを記念して辛亥の年（四七一年と推定される）にこの鉄剣を製作したというのです。これによって、かつて熊本県玉名郡の江田船山古墳から出土した鉄剣に書かれた名前も「ワカタケル大王」だと考えられるようになりました。

つまり、関東の埼玉から九州の熊本に及ぶ政権があったことがほぼ判明したのです。

中国の歴史書『宋書』にある「倭国伝」によると、五世紀にヤマト政権の王が九州から東北地方南部までの地域を従え、「大王」と呼ばれており、中国皇帝に使者を送って日本の王としての地位を認めてもらおうとしていたとされています。それが讃《さん》・珍《ちん》・済《せい》・興《こう》・武《ぶ》という名前で伝わっているいわゆる「倭の五王」です。「倭」は、中国による当時の日本の呼称ですが、この五王の中の「武」が、『日本書紀』に「大泊瀬幼武《おおはつせのわかたけ》（ワカタケル大王）」と書かれた雄略天皇だとされています。

この時期の日本の歴史は、『古事記』や『日本書紀』にある多分に伝説的とも言える記述に、中国の歴史書に書かれたわずかな情報を対比させ、分析することによって構築されてきました。これに発掘の成果が加わることで、雄略天皇が実在の人物であるとともに、その支配が北関東から九州にまで及んでいたことが実証できたのです。まさに百年に一度の大発見だったと言えるでしょう。

日本の歴史が文献史料で比較的詳しくわかるのは、六世紀末の推古《すいこ》天皇の時代、いわゆる聖徳太子が活躍した頃からですが、その時代の天皇（当時は大王）の正統性は、五世紀頃から連綿と続いていた王権の血筋でした。

「直系」と血筋のルール

日本の歴史を考える時、ヤマト政権の成立、そして大王家に連なる血筋を見ていくことが重要です。というのも、とくに聖徳太子の時代から南北朝時代までの歴史は、この大王家（天皇家）の後継者をめぐる争いによって動いてきた面が大きいと見られるからです。

この後継者争いを考える時、「皇統《こうとう》」における「直系」という概念を理解しておくと、古代史の理解が進みます。

高校教科書などに掲載されている古代天皇家の系図などを見ると、関係が複雑で、どういう事情で天皇位が引き継がれていくのかがなかなか分かりません。私も高校生のときに史料集を見ながら、「天皇位は父子間だけでなく、兄弟間でも相続がけっこうあるのだな」という印象を受けた記憶があります。他に叔父・甥の間の継承などもありますが、要するに確たる継承のルールがあるようには見えなかったのです。そしてその認識は、後に歴史研究の道に入ってからも、大きい点では変わっていませんでした。

ところが北海道大学教授だった河内祥輔さん（現、同大学名誉教授）が、皇統は「直系」継承を基本理念としていたと主張した『古代政治史における天皇制の論理』（吉川弘文館、一九八六）に触れたときには、目からウロコが落ちる思いがしました。

河内氏がその論で指す「直系」とは、父子で皇統を継承していくことで、古代においてその実現には、単に天皇の血筋を引くだけでなく、「母が皇女であることを資格とする」というのが河内氏の議論の核心です。つまり、天皇と皇女との間に生まれた子供こそが、「直系」として皇統を続ける資格のある天皇だということです。

なるほど、あらためて系図を追っていくと、天皇と皇女の間に生まれた皇子以外は、仮に天皇になったとしても、一代限りの中継ぎの位置づけしか与えられず、皇位を自分の子供には引き継げなかったことが見えてきます。つまり、「直系」に対する「傍系」でしかないということです。当時の観念にあっては、皇統とは天皇家の中で純粋な血統により再生産されるべきものだったのです。

これは、母方の豪族の影響から脱して大王の権力を確立するためにとられた方策（吉田孝『歴史のなかの天皇』岩波新書）とも見られており、誰が天皇になるべきかを認めるのは、群臣たちで、その支持の基盤となったのが王権の血筋だと考えられます。大王家の内婚化が進むと、直系という血筋の裏付けのない天皇は、皇統を伝えていく存在としては、朝廷を支えている豪族たちの支持が得られなかったのです。

聖徳太子はなぜ天皇になれなかったのか

直系相続が皇統の基本で、直系の後継者が幼少である場合などにだけ、傍系の皇子が中継ぎの天皇に立てられることになった、という河内さんの説は、発表された当時にあってはかなり大胆なもので、現在でも古代史の専門家の間で完全に同意されているわけではないようですが、この河内さんの説に従って考えると、古代史における政争の多くが説明できます。たとえば、蘇我氏によって崇峻《すしゅん》天皇が殺された後、厩戸皇子（聖徳太子）がなぜ天皇にならなかったか、あるいはなれなかったのかという問題も理解できます。

教科書でも、伯母にあたる推古天皇のもとで、厩戸が冠位十二階の制度や憲法十七条を制定するなど、政治に力をふるったことを習ったと思います。そして、女帝は古代にあっても中継ぎ的な場合にだけ登場しますから、それだけ有能な人物であれば、推古に代わってすでに成人していたと見られる厩戸が天皇になってもよかったはずです。

厩戸は、用明天皇の皇子で、母も欽明《きんめい》天皇の皇女穴穂部《あなほべ》ですから、その意味では彼も河内さんが定義する直系です。

しかし、皇位継承のライバルとして、直系である敏達《びだつ》天皇と王女広姫《ひろひめ》の間に生まれた押坂彦人大兄《おしさかひこひとのおおえ》皇子がいました。厩戸の父の用明天皇が、蘇我稲目の娘堅塩媛《きたしひめ》を母とすることを考えれば、用明がそもそも傍系の天皇だと見られていたことは間違いありません。また、押坂彦人のことが皇太子に準ずる格式を持つ皇子を指す当時の敬称「大兄皇子」を付して記されていることを考えれば、厩戸よりも有力な天皇候補だったと見ることができます（次頁の系図参照）。

そうであるからこそ、押坂彦人の即位を防ぐため、伯母で敏達天皇の皇后だった推古天皇が中継ぎとして即位することになり、厩戸はその下で政治を行いながら次代の天皇として豪族たちに認められることを狙ったということになります。ちなみに女性天皇は、この時代には天皇の妻になった「皇女」にだけ許されたことで、皇女でなければ天皇の

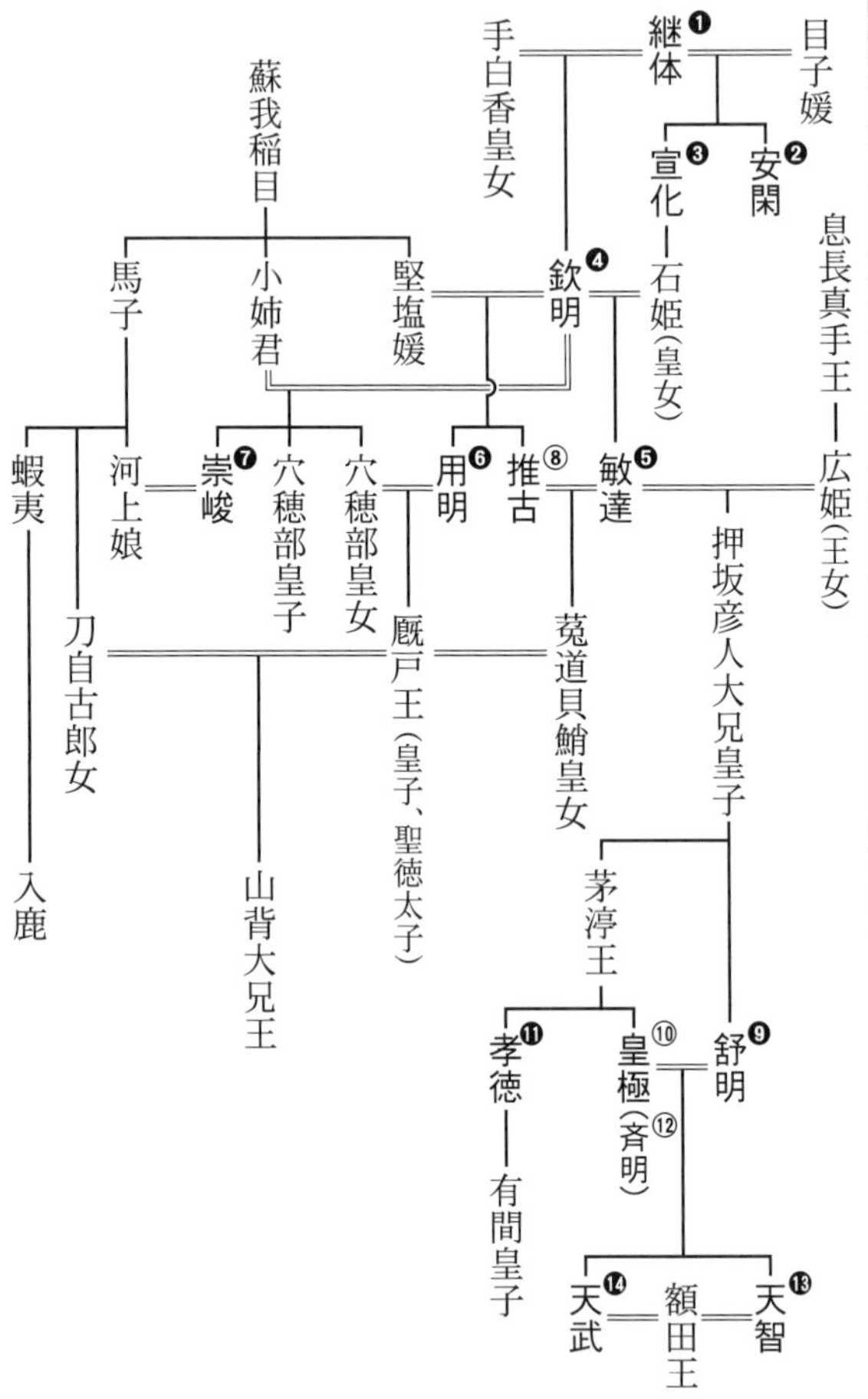

※太字は天皇、数字は皇位継承の順、○数字は女性天皇

妻であっても女帝になる資格はありません。推古は欽明天皇の皇女でした。

推古天皇が死去すれば、その時は厩戸が即位することになったのでしょうが、まだ譲位の制度がないこの時代、聖徳太子は皇太子のまま没し、天皇になることはありませんでした。

ちなみに、昔の一万円札にも使われていて、ほとんどの教科書に載っていたあの聖徳太子の肖像ですが、彼の持っている笏《しゃく》は飛鳥時代にはなく、奈良時代の養老の遣唐使によって、官人が正装する際の持ち物としてもたらされたものです。奈良時代には聖徳太子の功績が高く評価されますので、奈良時代になって太子を顕彰して作成された肖像だとも推測できるのですが、じつは藤原鎌足を描いたものではないかという説もあります。そのため、近年ではあの絵も徐々に教科書には載せられなくなっています。

中央集権化と血筋の争い

推古天皇の死後、押坂彦人の子が即位して舒明《じょめい》天皇になり、舒明の死後はその皇后が即位して皇極《こうぎょく》天皇となりますが、王女でしかない皇極の即位には少し無理がありました。これは、厩戸の子である山背大兄王《やましろのおおえのおう》の即位を阻止するための中継ぎでした。

この後、舒明の子である中大兄皇子《なかのおおえのみこ》（後の天智天皇）が天皇になるまで、血なまぐさい抗争が繰り広げられます。

まず山背大兄が、蘇我氏に攻め滅ぼされ、次いで「乙巳《いっし》の変」で中大兄と藤原鎌足によって、今度は蘇我入鹿《そがのいるか》が暗殺され、父の蝦夷《えみし》も追い込まれて自害します。蘇我氏は山背大兄を攻めるなど専横を極めていたので、このクーデターを支持する豪族も多かったのでしょう。こうして蘇我氏を排除した中大兄ですが、兄の古人《ふるひと》大兄皇子もいるので、ここで即位すると蘇我氏打倒も権力欲のためだと思われます。そのため、叔父の軽《かる》皇子を中継ぎとして即位させました。これが孝徳天皇です。

蘇我蝦夷父子が攻められた原因は、教科書では、天皇を中心とした中央集権国家を作るためだとしています。なぜ中央集権化が必要だったのかと言えば、中国で隋に変わって唐王朝が成立したことによって国際関係が緊張していたためです。しかし、中大兄の権力欲も無視できません。

権力を握った中大兄が推進したとされる「大化改新」には、本当に政治を改新したものかどうかについての否定論もあります。そうだとすれば、「乙巳の変」も政治路線の対立が理由ではなく、天皇位を争うものだったと考えることができます。その後も中大兄は、孝徳天皇の子の有間《ありま》皇子を謀反の咎で処刑していますが、これも謀略だったとされています。

壬申の乱の決め手

中大兄皇子の皇太子時代には、朝鮮半島の百済復興のため、唐・新羅連合軍と朝鮮半島で戦って敗れた白村江の戦いがあります。この時には、女帝である斉明《さいめい》天皇（皇極天皇が再び天皇位についた）も筑紫（福岡県）にまで遠征しています。百済は日本に仏教を伝えた国であり、日本が大陸から文化を取り入れる窓口でもあったので、何としても確保したい拠点だったのでしょう。敗戦後は、筑紫に「水城《みずき》」と呼ばれた防御施設を築き、六六七年には近江大津宮に遷都をするなど、防衛に努めています。

百済が滅亡したため、王族、貴族をはじめとする四、五千人以上の亡命者が日本に集団移住します。その後、朝鮮半島では高句麗も滅亡します。百済、高句麗からの移住者のうち、庶民層の多くは関東に入植します。埼玉県に「高麗《こま》」などの地名があるのはその名残りです。一方、新羅は独立を保ち、旧高句麗領と旧百済領を支配下に置いて半島の統一を実現します。ヤマト朝廷は唐との関係を修復し、新羅とも良好な関係を持つようになりました。

さて、中大兄が即位して天智天皇になるのは、乙巳の変から二十三年後の六六八年でした。その後、六七一年までの三年間が天智の治世です。晩年の天智は、かつては自分の片腕だった弟の大海人《おおあま》皇子（後の天武天皇）を恐れています。

天智天皇の死の直前、大海人皇子は出家して吉野に引退していますが、その死後すぐに天智の子の大友皇子打倒の兵をあげて勝利します。これが「壬申の乱」で、大海人の勝因は、美濃や尾張など地方豪族の兵力が味方したことです。大友皇子の母は伊賀国（三重県西部）の豪族出身で「采女《うねめ》」という身分の女官でした。こうした血統の弱さがあったため、多くの豪族は大海人につくことになったのだと考えられます。

壬申の乱に勝利した大海人は、飛鳥浄御原宮で即位して天武天皇となり、中国の都長安にならって藤原京の造営に着手しました。しかし、天武はその完成直前に没し、天武の皇后だった持統天皇の時代に遷都します。

藤原京は、恒久的な都として造営されたはずでしたが、七〇四年に帰国した遣唐使によって、藤原京が長安とはまったく違うことがわかりました。そのため、朝廷は、奈良盆地北部に平城京を造営して、遷都することになります。

2　仏教と政争の奈良時代

律令制と遣唐使

平城京を都とする奈良時代の特徴は、律令制に基づく政治です。国政を審議し、運営する太政官の下に八省が置かれるなど、細かに組織編制された、官僚制的な政治機構が成立したのです。これまでの豪族は、あらためてこの政治機構の中に位置づけられることによって、権力をふるうことになります。政治は、左右の大臣と大納言が主宰しました。大臣には、皇族か藤原鎌足の子孫が就任することが一般的でした。

地方には中央の貴族が任命される国司が派遣され、地方豪族を郡司に命じて全国を支配しました。律令制の「班田収授法」のもとで、すべての土地は国家のものとされ、民衆には口分田が与えられ、租税が課されました。民衆が納める租《そ》・庸《よう》・調《ちょう》などの税が朝廷の経済基盤になり、兵役も徴兵制によって整備されました。

奈良時代の文化が「天平文化」と呼ばれることはすでに述べましたが、この時代には遣唐使が派遣され、シルクロードを経て遠く中東などからもたらされる品物までが中国から日本に入ってきました。その実物は、今でも正倉院の宝物に見ることができます。

現在、奈良市では平城京内の宮殿にあった建物が続々と復元再建されています。それを見ると、この都がまさに唐の都長安のミニチュアだったことがわかります。ただし、大きく違うのは、平城京に城壁がないことです。つまり外敵へ備える必要性が少ないという日本の特徴を示しています。

もう一つの奈良時代の特徴は、仏教への傾倒です。奈良時代の中心的な天皇である聖武天皇は、全国に国分寺と国分尼寺を建て、また都には金銅の盧舎那仏《るしゃなぶつ》を造立します。今でも奈良の東大寺に鎮座しているあの大仏です。

疫病や飢饉《ききん》に悩まされた時代にあって、藤原不比等の子である藤原四兄弟は、全員が天然痘に罹《かか》って死んでいます。そこで、国家鎮護の力があると信じられた仏教にすがろうとしたのだと考えられます。

「日本史」の始まり

国家の制度が整備されるにつれて、国家の歴史も編纂されるようになります。養老四年（七二〇）五月二十一日には、『日本書紀』が完成しています。この歴史書は、神代から持統天皇十一年（六九七）八月に至るまでの三十巻におよぶ歴史書で、天武天皇の子である舎人《とねり》親王らが編纂しました。

編纂の材料となった史料には、推古天皇の時代に聖徳太子らが記録した『天皇記』『国記』や、天武が記録させた「帝紀《ていき》および上古諸事《じょうこのしょじ》」などがあったとされますが、今はそのような史料は散逸しています。しかし、この『日本書紀』があるので、聖徳太子の言行までが詳しくわかるのです。

もっとも、奈良時代にはすでに聖徳太子が神聖化されていて、どこまで真実を伝えているかには疑問が提出されていて、聖徳太子は実在しなかったという研究者もいます。これは、厩戸王という蘇我氏系の王族は実在したが、聖徳太子は『日本書紀』が創造した架空の聖人だ、というものです。しかし、この説には批判も多く、『日本書紀』の記述には一定の史実が含まれている、とする見方の方が有力です。

但し、『日本書紀』は奈良時代に成立していますので、天武の正統性を強調する意図が、その中に多分に含まれていたはずだということは、当然のこととして留意しておく必要があります。たとえば、巻二八では、大友皇子の即位を認めていません。このため、後にまで議論を呼ぶことになりますが、前述のように明治政府は大友皇子を天皇に加え、弘文の号を贈っています。

しかし、そのようなことを割り引いても、『日本書紀』は古代の史実を比較的正確に伝えていると考えられます。そのため、古代史の研究者は、『日本書紀』や『古事記』などを読み込んで、その記述の裏にある日本史の真実に迫ろうとしているのです。

『日本書紀』に続く勅撰の正史は、『続日本紀《しょくにほんぎ》』です。文武天皇元年（六九七）から平安遷都を行った桓武天皇の延暦十年（七九一）までの九十五年間の記事を、おおむね編年体で編纂したものです。この史料は、奈良時代歴史研究の根本史料で、東京大学の古代史ゼミは、歴代の教授が『続日本紀』を一条ずつ、何年にもわたって読解していくという形で行われていたほどです。

『続日本紀』と並んで活用されるのは、正倉院文書です。これには、奈良時代の戸籍や計帳などの公文書が伝わっています。そして近年では、奈良時代の研究にもう一つ、重要な史料が加わりました。それは平城京跡の発掘調査で膨大に出土した木簡です。

一九八八〜八九年には、長屋王家の邸宅跡などから、十一万点の木簡が出土しています。これは、それまで残された史料をはるかにしのぐ点数であり、歴史の見直しが進んでいます。

政争と天皇の意向

このように、国家体制を整えていった奈良時代ですが、反面、政争や反乱も多い時代です。教科書に取り上げられるような大事件を拾っただけでも、七二九年に長屋王の変、七四〇年に藤原広嗣の乱、七五七年に橘奈良麻呂の変、七六四年に恵美押勝（藤原仲麻呂）の乱が起こっています。さらに、道鏡という僧侶を天皇にしようという動きまでがありました。

皆さんも、受験勉強をするとき、これらの前後入り組んだ乱や変のことを覚えるのに苦労したのではないでしょうか。奈良時代を政争の時代とする歴史像は、『続日本紀』にも書かれているため歴史叙述としてはスタンダードになっているのですが、それではなぜこのように政争が続いたのでしょうか。

これまで、この時期の政争は、藤原氏の権力伸張の過程として理解されることが一般的でした。教科書でも、これらの動きは「藤原氏の進出と政界の動揺」（『詳説日本史B』）などという項目でまとめて記述されています。

しかし、これらの政争に藤原氏が関与していることは確かですが、その多くは、むしろ天皇の意志に沿った動きであったと見たほうが正しいようです。

たとえば長屋王の変は、七二九（神亀六）年二月十日夜、藤原式家（長く式部卿を務めたため式家という）の宇合《うまかい》が指揮する六衛府の兵が、天武天皇の孫で、右大臣を務めていた長屋王の邸宅を包囲したことに始まります。罪状は謀反の疑いでした。十二日、追い込まれた長屋王は、妻の吉備内親王とその間にできた男子三人に毒を飲ませた上で絞殺し、自身も服毒自殺しました。

ところが長屋王に聖武への謀反の事実はなく、まったく一方的に攻められたものでした。そして奇妙なことには、石川夫人との子である桑田王を除いて、長屋王の他の妻やその男子は罪に問われていません。

時の天皇であった聖武は、文武天皇の子ではありましたが、母が藤原不比等の娘である宮子だったため、「直系」としての資格に欠けていました。そう考えると、この事件は、父は天武の皇子、母も天智天皇の皇女であるため、「直系」として皇統を継ぐ資格を保持していた長屋王の血筋を絶やすことが目的であって、宇合はそれに協力しただけだとも言えるのです。

長屋王の変は、聖武天皇の意に沿った政治的な冤罪でした。しかし、当然のことながら、この時期を書いた正史である『続日本紀』にはそんなことは書かれていません。そのため、こうした政変は、多くは臣下の間の権力争いとして書かれることになるのです。政変に天皇の意志を探る見方は、皇国史観の影響を脱した近年の歴史学の成果だと言えるでしょう。

長屋王の死後、皇統を争うライバルのいなくなった聖武天皇は、藤原氏出身の光明子《こうみょうし》を皇后に立てます。皇族以外から皇后が立てられたのは、これが最初です。

ここから、天皇と皇女の間に生まれた皇子が天皇になることが、皇統の正しい相続だと見なす観念のほかに、藤原氏の血筋の女性が生んだ皇子も直系の天皇になれるという観念が生まれてきます。これが、藤原氏と他の貴族との大きな違いにもなります。

歴史を動かした執念

聖武は、光明子との間に生まれた娘を即位させます。これが孝謙天皇です。聖武と光明皇后に男子が生まれることを期待しての中継ぎの女帝だったと見られますが、結局、聖武は男子をもうけないまま、七五六年に没します。その後、藤原南家の仲麻呂が、淳仁天皇を擁立します。

南家は、不比等の長男武智麻呂の系統です。仲麻呂は叔母の光明皇后を後ろ盾としていたのですが、皇后の死後は、太上天皇に退いていた孝謙が淳仁を廃位させようとしました。仲麻呂は、先手を打って孝謙を攻撃しようとしますが、孝謙は、天皇に直属する授刀衛《じゅとうえい》の武力を使って仲麻呂を攻め殺害します。仲麻呂は、淳仁天皇から唐風の恵美押勝という名前を賜っていたので、これは恵美押勝の乱と言われます。

この過程を見ると、現職の天皇である淳仁天皇の権威も、藤原氏嫡流の権力も、太上天皇である孝謙にはまったく対抗できないものだったことがわかります。おそらく聖武天皇の娘である孝謙の権威が、それだけ貴族たちに認められていたのでしょう。仲麻呂が孝謙攻撃を企てたのも、そうした立場の弱さを自覚していたからに違いありません。

ちなみに、この戦いで決定的な働きをした授刀衛は、乱の後に近衛府へ再編され、軍事組織の中で最も重要な部署になります。

孝謙の新たな意図は、異母姉である聖武天皇の第一皇女井上内親王の子、他戸《おさべ》親王に父の皇統を存続させようとするものでした。孝謙は淳仁を廃し、重祚《ちょうそ》（重ねて天皇位に就くこと）して称徳天皇になります。長屋王の変でもそうでしたが、奈良時代の政争は、律令政府が築き上げた軍事力を使って行う激烈な武力闘争でした。

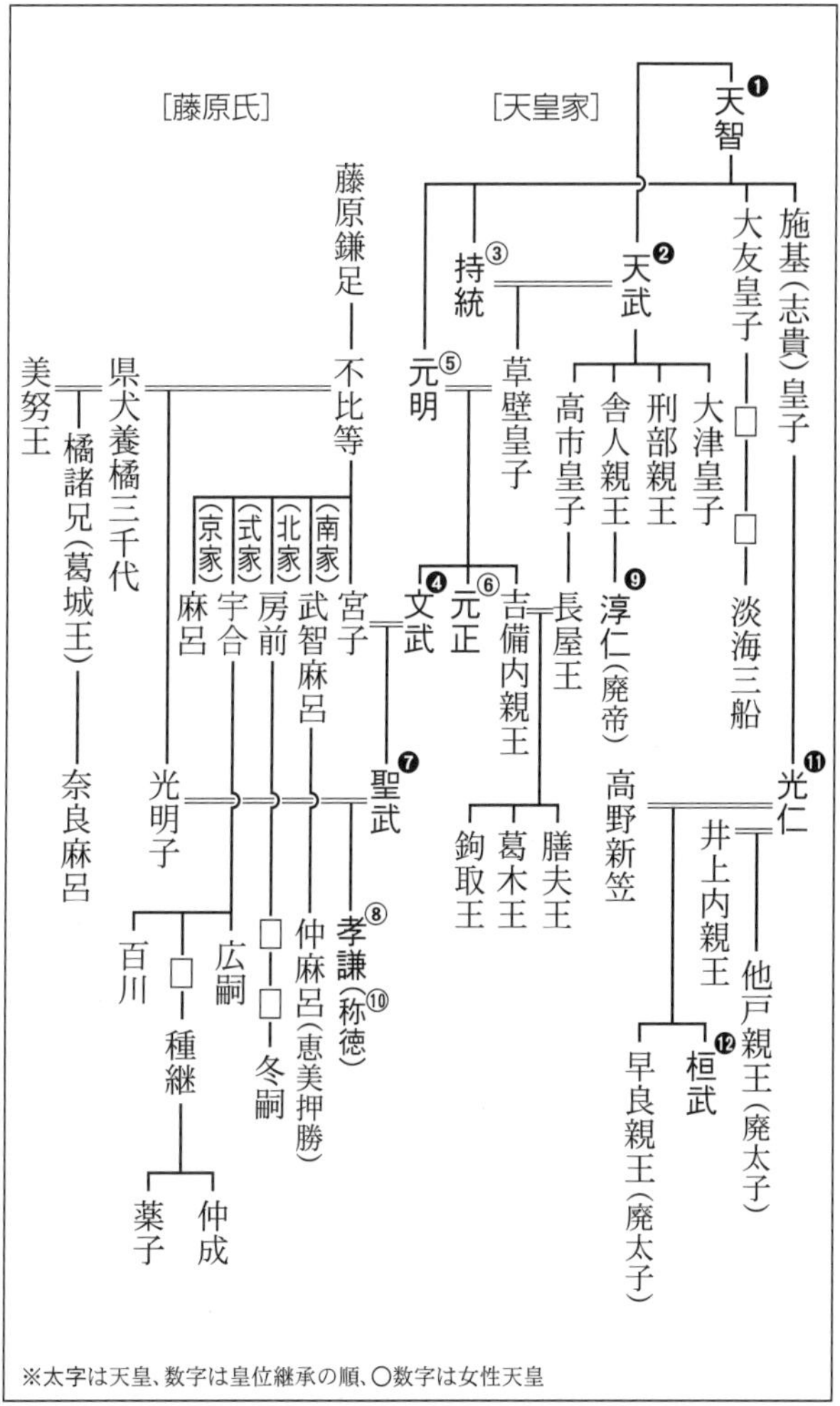

※太字は天皇、数字は皇位継承の順、○数字は女性天皇

また、藤原氏など貴族たちが直接軍事に深く関わっていたのがこの時代の特色で、対立する相手は抹殺されています。その意味では、この時代は実力で政敵を倒すという飛鳥時代の雰囲気を受け継いでいた、という事もできます。

その後、称徳天皇は、僧侶の道鏡を天皇に立てようとします。これも、他戸に皇位を継がせるため、道鏡に中継ぎの役割を果たさせようとしたのだと考えられますが、これはさすがに支持を集めることはなかったのでしょう。和気清麻呂らの貴族の反撃によってその目論見は挫折します。

このように、藤原氏が奈良時代の政争に深く関与したのは事実ですが、その背後には、聖武系の皇統をめぐる天皇家の思惑があったと見られます。端的に言えば、聖武と孝謙という父娘の聖武系の血統を存続させようとする執念が、多くの政争を引き起こしたと考えるべきなのです。

泣くよ坊さん、平安遷都

七七〇（神護景雲四）年、称徳天皇が没すると、天智天皇の孫で井上内親王の夫であった白壁王が即位して光仁天皇となり、皇太子には他戸親王がなりました。

孝謙の思惑では、光仁の役割は他戸への中継ぎにすぎないはずでしたが、七七二（宝亀三）年、光仁は皇后井上と皇太子他戸を廃位し、翌年、長男である山部親王（のちの桓武天皇）を皇太子にします。これは、天武系皇統を廃し、天智系皇統を復活させるクーデターだったと言っていいでしょう。

七八一（天応元）年に即位した桓武天皇は、聖武天皇の娘で最後に残っていた不破内親王とその子の氷上川継を流罪に処します。また、天武系皇統の都である平城京を嫌い、都を長岡京に移します。しかし、造営責任者だった藤原式家の藤原種継が暗殺されたため長岡京は捨てられ、平安遷都が行われることになります。この時代は、まだ怨霊への恐れが、そのまま政治に反映されていたのです。

平安遷都の年は、七九四（延暦十三）年です。よくある年代暗記の語呂あわせでは、「鳴くよウグイス、平安京」が有名ですが、「泣くよ坊さん、平安遷都」というものもあります。平城京からの遷都は、仏教政治の弊害を断つためと説明されることが多く、そのため坊さんが泣いた、という意味ですが、実際は仏教政治の弊害というより、天武系皇統の都である平城京を捨てたというのが本質なのです。

3　摂関政治と院政

摂政・関白と令外官

奈良時代に続く平安時代は、藤原氏のうち北家（不比等の二男房前の系統）が権力を完全に掌握し、摂政・関白になることによって政治を主宰した摂関政治の時代です。

この摂政・関白という官職は、律令制にはありません。摂政は、もともと聖徳太子のように皇族が務めるものでしたが、八六六（貞観八）年、藤原北家の良房が任じられて、初めて貴族が務めました。関白は、良房の子基経が最初で、摂政だった基経に、天皇の成人後も同様の役割を果たさせるためでした。これは政務を綜覧《そうらん》し、天皇に奏上する職です。そのため、関白は、政治の実権を握るようになります。

律令制に規定のないこうした官職を、「令外官《りょうげのかん》」と呼びます。これは、唐の律令制度を基本としながら、日本に合ったものに作り替えていこうとするものでした。摂関という官職の特徴は、天皇を前提としていることです。実態はともかく、すべての政務は、天皇に奏上されることによって実効を持つことになるという構造があり、いかに摂関が権勢を振るったとしても、それは天皇の権威が認められているという歴史状況がなければ成り立たないのです。

令外官では、蔵人頭《くろうどのとう》も重要な役職です。これは、いわば天皇の秘書官長で、平安時代初期の「薬子の変」（近年は「平城太上天皇の変」と呼ばれる）の時、藤原冬嗣が任命されたのが最初です。事務方の弁官を兼ねる者を「頭弁《とうのべん》」と言い、軍事組織の一員である中将を兼ねる者を「頭中将《とうのちゅうじょう》」と言います。『源氏物語』にも光源氏の友人かつライバルとして、「頭中将」というプレイボーイが登場しますが、「頭中将」は摂関家などのエリートが若い頃に務める役職だったので、女官たちにはたいへん人気があったのです。

ほかに、検非違使も重要です。これは、平安京の治安警察機関として設けられたもので、長官（別当《べっとう》）はやはり令外官である中納言か参議の兼任で、左右の衛門府の部隊（衛士《えじ》）を使って任務を遂行しました。

「令外官」と言われてもピンと来ないかもしれませんが、しかし、これが重視されるのは、律令国家の変質を示すものだからです。

そして、令外官だけではなく、律令に規定のある官職も、次第に特定の貴族の家の請け負いになり、官僚制度が家職化していきます。すでに述べたように、中世史家の佐藤進一さんは、中央の主要な官庁において「官司請負制」が成立した十二世紀前半を「王朝国家」の成立とし、これを中世国家の第一の型と規定しています。派手な乱や変だけでなく、こうした官職制度の変化も、時代区分の画期となるものなのです。

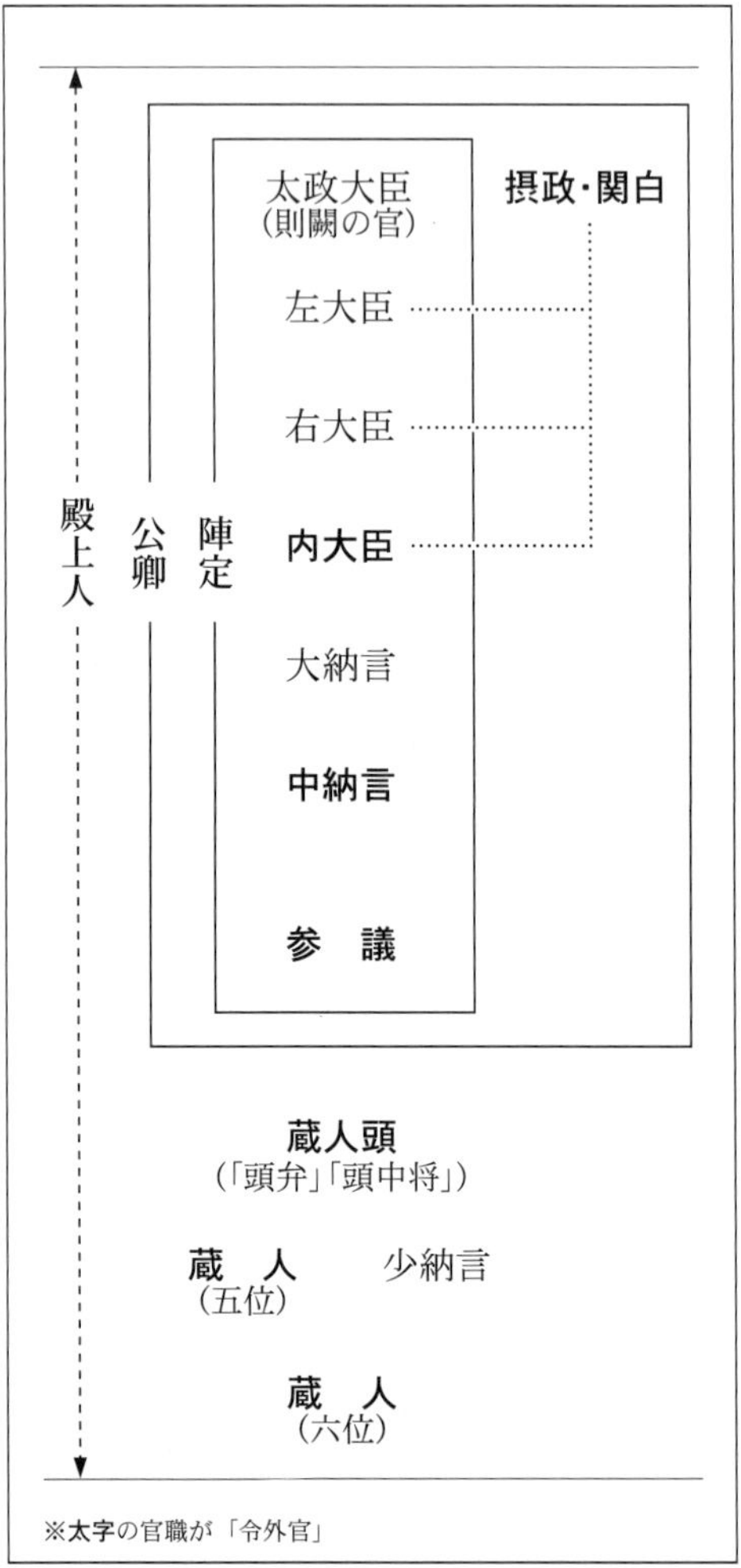

藤原氏の陰謀なのか

平安時代の初期も、奈良時代に引きつづいて藤原氏が他の氏族を退けて権力を握っていく過程として説明されています。たとえば、『詳説日本史B』では、藤原良房が「承和の変」で伴氏、橘氏らの勢力を退け、「応天門の変」で伴氏、紀氏を没落させた、と記述しています。ところが、承和の変も応天門の変も、その真相はよくわかっていません。

承和の変は、嵯峨上皇の崩御の混乱に乗じて皇太子恒貞親王を皇位につけようとした伴健岑《とものこわみね》・橘逸勢《たちばなのはやなり》の陰謀とされていますが、彼らは行動を起こしたわけではなく、あくまで陰謀の容疑で逮捕されたものです。良房が仕組んだ疑獄事件という見方にも疑問が呈されています。

良房が優位を獲得したのは、あくまでその結果にすぎなかったということです。後に娘の明子が産んだ皇子が清和天皇となり、良房は臣下で初めて摂政になり、さらに応天門の変が起こって大納言の伴善男《とものよしお》らが失脚するので、良房が疑われることになったと見られるのです（米田雄介『藤原摂関家の誕生』吉川弘文館）。

清和天皇は数え年九歳で即位したのですが、これは成人でない天皇が即位するようになる最初です。そのため、外祖父の良房が摂政になって政治を代行したのです。そして清和は二十七歳で譲位し、九歳の陽成天皇が即位します。摂政には良房の猶子（兄弟の子）基経がなりました。基経は関白にもなり、藤原氏中心の摂関政治への道が開かれることになります。

それまで天皇は、成人でなければなりませんでした。そのため幼少な天皇候補者がいれば、同じ皇統の成人皇女が即位して女帝となり、中継ぎの役割を果たしたのです。しかし、これ以降は、天皇が幼少でも問題なくなりました。つまり平安時代の国家は、天皇個人の政治的能力の有無にかかわらず運営される安定的な体制になったのです。

これまで見てきた権力闘争は、『日本書紀』に始まる日本の六つの正史「六国史」に詳しく書かれています。平安時代の前期までの政治史が、ほとんど諸勢力の間の権力争いになっているのは、一つにはこうした史料の叙述がまさにそうなっているという影響もあるでしょう。

六国史は、平安時代の清和・陽成・光孝天皇の三代を描いた『日本三代実録』で終わります。この最後の勅撰の国史は、寛平四年（八九二）に宇多天皇の勅によって編纂が始まり、仁和三年（八八七）八月までが収録されています。左大臣藤原時平や右大臣菅原道真が編纂にあたっていますが、できあがった時には道真はすでに失脚しています。

これ以後、国家が主体となって編纂する正史がなくなったということは、国家制度の重大な転換を示していると考えられます。その意味でも、先に紹介した佐藤進一さんの「律令国家」が「王朝国家」へ移行した、とする歴史観は、正鵠《せいこく》を射ていると思います。

これ以降の歴史は、公家の日記や『栄華物語』や『大鏡』などの歴史書によって書かれていくことになりますが、六国史が律令国家公認の歴史書であるのに対し、これらは特定の歴史観によって書かれたものではありません。同じ平安時代でも、この時期の歴史の叙述がはるかに詳しく、かつ生彩に富んだものになっているのは、典拠とした史料の性格までが変わっているからなのです。

天皇親政と皇国史観

醍醐天皇は、摂政・関白を置かず、それに続く朱雀天皇は、藤原北家の藤原忠平を摂政に、次いで関白としますが、村上天皇は忠平の死後、関白を置きませんでした。このため、醍醐・村上天皇の時代は、天皇親政の理想的な時代として、古くから「延喜《えんぎ》・天暦《てんりゃく》の治《ち》」と称えられます。

この呼び方は、天皇親政を理想とし、摂関政治は不正常な政治形態だという皇国史観の影響を残した観念からのものです。しかし、現在では、天皇の親政であったかどうかは、あまり政治構造とは関係ないとするのが多くの研究者の見解です。天皇は、皇統については強い関心を持っていましたが、政治は左大臣を中心とした公卿が構成する太政官で行う慣行が成立していたからです。

村上天皇の時代には関白が置かれていませんが、忠平の子実頼《さねより》が左大臣、師輔《もろすけ》が右大臣として政治を行い、天皇と藤原氏との関係は良好でした。そして次の冷泉天皇の時代に実頼が関白となり、政治を指導しています。

その後、実頼と師輔の血筋にあるものの間で、摂政・関白の地位をめぐって抗争が続きます。この抗争は、『蜻蛉日記《かげろうにっき》』を書いた右大将道綱の母の夫である藤原兼家が勝利しますが、その後も兼家の子供や孫の間で争いがあり、十世紀末の道長の時代にようやく安定します。

重要なことは、この過程で、藤原北家が一貫して摂政・関白となる時代が始まり、この家が摂関家として後々まで公家の最高の家柄となったこと、そして、こうした争いにもはや武力を用いることがなくなったことです。平安時代中期以降の摂関政治の時代は、珍しく世の中が安定した平和な時代だったのです。

また、摂関政治と言えば、藤原氏が摂政・関白の官職に就いて政治を壟断《ろうだん》した時代だとイメージされるのですが、摂関政治の象徴的存在である藤原道長は、左大臣にとどまって関白になっていません。これは、なぜでしょうか。

関白にならなかった藤原道長

朝廷の政治は、左大臣が中心となって行います。左大臣は、「陣定《じんのさだめ》」と呼ばれる公卿の最高会議を主宰し、政務の各担当責任者である上層貴族＝「上卿《しょうけい》」の筆頭であることから「一上《いちのかみ》」とも呼ばれました。平安時代には藤原北家が、天皇の幼少時に摂政、成人すると関白に任じられて政治を行っているように描かれますが、実際の政治は左大臣を中心に行われたのです（146頁の図も参照）。

摂関（摂政・関白の総称）は、原則として大臣が兼ねましたが、摂関は陣定に出席しない慣行なので、左大臣が摂関になると右大臣が「一上」を務めます。平安時代は、藤原氏を中心とする公卿たちによって、太政官で政治が遂行されていました。道長が関白にならなかったのは、左大臣として政治を主宰するためだったのです。

摂関家の経済基盤は、律令国家の高官としての給与と、高官であることによって全国から寄進される荘園にありました。また、諸国に派遣される国司も、その任官を望むものは藤原氏に多額の献金をしたので、摂関家は他を圧する経済力を持っていました。

摂関は、院政が始まり摂関政治が終わった後も一貫して置かれ、豊臣秀吉・同秀次を例外として、すべて藤原道長の子孫である五摂家（近衛・鷹司・九条・二条・一条の五家）から出ます。摂関制度は長く続き、廃止されるのは、江戸幕府が滅亡して王政復古の大号令が出た時のことです。教科書には出て来ませんが、中世・近世を通して、朝廷の政治はずっと摂関を中心に運営されていたのです。

さて、道長と言えば、「この世をば　わが世とぞ思う　望月の　欠けたることも　なしと思えば」という和歌で有名です。これは、娘の威子《いし》が後一条天皇の中宮に立后された祝宴の際に詠まれたものです。

道長は、四人の娘を中宮（皇后）や皇太子妃とし、三十年の間、天皇の外戚として権力の座にありました。しかし、これは天皇の権力を奪い取ったというものではありません。平安時代研究の第一人者だった土田直鎮さんは、「摂関というものは意外に天皇の地位・権限を尊重し、その発言に従うのが通例で、（中略）そこには天皇との対立感よりも、道長が外孫後一条天皇を愛護したような一体感が見られるのである」（『日本の歴史5　王朝の貴族』中公文庫）と述べています。

つまり、摂関家の方針は、天皇と密着することによって、朝廷での主導権を握ることを目的としたものであり、逆に言えば、政治の究極の権限は天皇に帰属していたことを誰もが認めていたことを示しています。

私は、中国の制度に基づいて成立した「律令国家」には、日本の社会の実情に合わないところがあり、試行錯誤の結果として日本的な制度が定着して成立した国家が、「王朝国家」なのだと考えています。そうとらえれば、二〇〇年近く平和な社会を実現した王朝国家は、古代国家の完成形態だと言っていいように思います。

院政はなぜ始まったのか

王朝国家では、すでに「班田収授法」は実施できなくなり、租・庸・調の取り立ても困難になっていました。そこで、各地に赴任する国司に大きな権限を与えることにします。この地位は、前任者から一国の財産などを引き継ぐことから「受領《ずりょう》」と呼ばれるようになりました。

受領は、国司の役所である「国衙《こくが》」に勤務し、自分の家来（郎党《ろうとう》）や郡司以下のいわゆる在庁官人を指揮して徴税を行い、国家の財政を支えました。受領を務めると莫大な収入を得ることができるので、中・下級貴族は摂関家に取り入り、国司の地位に就くことを求めました。

受領が支配する国の中には、皇族や摂関家などの貴族、大寺社の荘園があります。これは、開発領主などが、領地を有力者に寄進することによって、国衙の徴税を逃れるために成立したものです。ここには受領の支配が及びませんでした。

このように、地方は、「公領」と「荘園」に分かれて支配されていました。このため現在では「荘園制」とは言わず、「荘園公領制」と言います。

律令国家で保証されていた国家から貴族への給与が有名無実化すると、摂関などの上級貴族が一国の支配権を握る「知行国」の制度が成立しました。知行国主は、国守の任命権を持ち、その国の収益を得ることができます。荘園は荘園領主の私有財産ですが、国衙の支配下にある「公領」までが、荘園と同様に知行国主や受領の私有財産のようになったと言うことができます。

こうした社会制度の大きな動きがあったのと同じ頃、政治体制にも変動が起こってきます。

道長の子頼通も、後一条・後朱雀・後冷泉の三天皇五十年にわたって摂政・関白を務めました。これらの天皇は、いずれも道長の外孫ですが、後朱雀天皇と禎子《ていし》内親王との間に生まれた後三条天皇は、摂関家を外戚としない天皇です。禎子は道長の孫ですから、まだ藤原氏は摂関として政治を主導していますが、後三条天皇が退位して上皇となってから、上皇が院政を行う慣行が成立し、摂関政治に重大な危機が訪れます。その要因は、藤原氏の権力を掣肘《せいちゅう》するためではなく、まったく別のところにありました。

後三条の長男、白河天皇は、まだ八歳だった自分の子を即位させて堀河天皇とし、上皇となります。これは、父後三条がゆくゆくは天皇にしようとしていた異母弟の実仁《さねひと》親王や輔仁《すけひと》親王（実仁、輔仁は同腹）に対して、自分の血筋で皇統を継がせようとするものでした。

自分の血筋による皇統で天皇位を独占するためには、早く子供を即位させ、自分は上皇として君臨するのが一番確実な方法です。つまり、院政の成立は、摂関政治を否定するためではなく、これまで繰り返されてきた天皇家内部の皇統をめぐる動き、すなわち自己の血筋を守ろうとする天皇の都合によったものにほかならないのです。

ちなみに現在の教科書では、「院政は、自分の子孫の系統に皇位を継承させようとするところから始まったが、法や慣例にこだわらずに院が政治の実権を専制的に行使するようになり、白河上皇・鳥羽上皇・後白河上皇と一〇〇年余りも続いた」(『詳説日本史B』)とそれに配慮した表現になっています。つまり、上皇が権力を握ったことで、結果として摂関が政治を行う体制が崩れてきたのだと言えるでしょう。

上皇は院庁《いんのちょう》を開き、「院の近臣」と呼ばれた側近の貴族たちを使って、国政にも影響を持つようになります。軍事的にも、北面の武士を置いて、源氏や平氏の武士たちを近づけました。経済的には、「院分国」を設定して上皇自身が特定の国を知行国とし、荘園も集積します。それまで天皇は、国家そのものであり、荘園整理令を出して公領を守ろうとしていました。それが、院政期になると、「治天の君」と呼ばれる上皇を家長とする私有財産を持つ天皇の「家」が成立したことになります。つまり、天皇家が「私」の領域に降りてきたわけで、これは日本史における重大な変化でした。

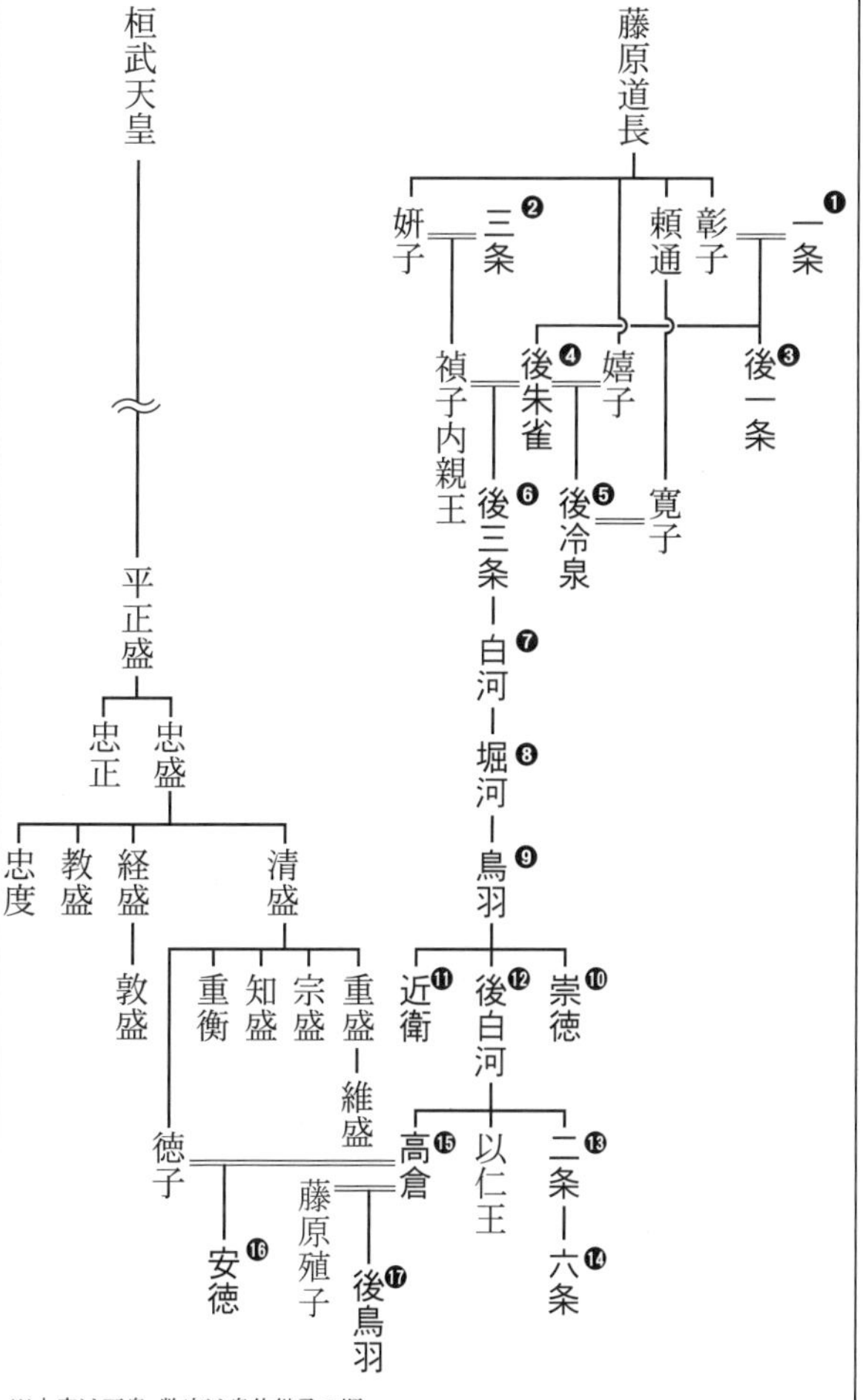

※太字は天皇、数字は皇位継承の順

私兵としての武士と平氏政権

白河上皇は、堀河天皇が没すると、まだ五歳だった鳥羽天皇を即位させました。ところが、ほかならぬ白河上皇の行動によって、再び皇統の分裂が引き起こされることになります。

問題は、白河が、男女関係にあった藤原（閑院流）公実《きんざね》の娘璋子《しょうし》を鳥羽天皇に入内《じゅだい》させたことです。白河が鳥羽天皇を退位させた後に即位させた崇徳天皇は、鳥羽の第一皇子ですが、当時においても白河の子だと噂されています。

そのため、白河の死後、鳥羽上皇は崇徳を退位させ、わずか三歳の八男を即位させます。これが近衛天皇で、近衛が若くして病死すると、今度は四男の雅仁親王を即位させます。これが後に源頼朝と対峙する後白河天皇です。

一一五六（保元元）年七月二日、鳥羽が五十四歳で死去すると、後白河天皇に対し、今度は崇徳上皇の反撃が始まりました。この「保元《ほうげん》の乱」で崇徳は、源為朝らの武士を使って、白河院の御所だった白河殿を占拠しました。後白河を認めず、自分こそが白河の皇統を継ぐ者だと主張しようとする行動でした。

崇徳は、鳥羽が死んだ今となっては、ただ一人の上皇である自分に反抗する者はいないと思っていたのでしょう。藤原忠実と左大臣藤原頼長父子も、崇徳の行動に従いました。頼長は、兄の関白藤原忠通と対立しており、崇徳について兄に取って代わろうとしたのです。天皇家だけではなく、摂関家も分裂して争う形勢となったのですが、これまでの観念から言えば、上皇と左大臣が中心となったこのクーデターは、十分に成算のある決断のはずでした。

しかし、ここで別の勢力が重要な働きをすることになります。後白河側に付いた平清盛や源義朝らの武士たちです。彼らは、果敢にも崇徳の籠もる白河殿を攻撃し、簡単に勝利しました。崇徳はまさか自分に攻撃を仕掛けては来ないだろうと考えていたはずで、崇徳側に付いた源為朝らの武士は、準備が十分ではありませんでした。

敗北した崇徳上皇は讃岐に流され、頼長は戦いでの傷がもとで死去し、忠実は京都郊外に幽閉されました。これによって摂関家の権威は地に落ちました。一方、為朝ら崇徳に味方した武士は、天皇に矢を向けたことで多くが処刑されました。

権威そのものであるはずの上皇や摂関家を躊躇なく攻撃するという武士の登場は、天皇と藤原氏中心の古代社会の終焉を宣言するものだった、と言えるでしょう。

権力を確立した後白河は、守仁親王（二条天皇）に譲位して上皇となります。院政の成立も保元の乱も、天皇や上皇の皇統をめぐる争いから発したものでしたが、その解決方法として、武士の武力に頼ったことが特徴です。

　奈良時代には、天皇が律令制に規定された国家の軍事力を動かして政争を行っていました。平安時代初期も、坂上田村麻呂が征夷大将軍に任命され蝦夷《えみし》の「平定」に向かっているように、当時は軍事司令官も貴族が務めていました。

　ところが、「王朝国家」時代には、荘園が拡大することで、国家財政が縮小し、それとともに国家が編成した軍事力が次第に弱体化してきました。平和な時代が続いたため、それに対する危機感はあまりなく、天皇や摂関家は、それに代わって実力をつけてきた各地の武士団を私兵として使うようになりました。武士が「侍《さぶらい》」と呼ばれたのは、貴人に侍《さぶら》う者だったからです。政争に平氏や源氏の武士団が私兵として使われるようになると、最初は利用したつもりだったのでしょうが、次第に武士団の軍事力が天皇や上皇の権力を圧倒するようになります。

　保元の乱の三年後に起こった平治の乱は、後白河の近臣たちの間の対立に端を発した抗争ですが、これによって敵対した源義朝は滅び、乱の鎮圧に功績のあった清盛の地位が飛躍的に高まります。清盛は太政大臣にまで昇り、清盛の娘徳子は高倉天皇の女御となります。翌年には中宮に立てられ、徳子の産んだ男子は、即位して安徳天皇になりました。清盛は天皇の外戚となり、平氏一族は朝廷の高位高官を占めました。経済基盤は、摂関家と同じく全国の荘園や知行国です。

そのため、「平氏政権は著しく摂関政治に似たもので、武士でありながら貴族的な性格が強かった」（『詳説日本史B』）とされるのですが、自らの軍事力を持つ後の鎌倉幕府に先行する武家政権だとする説も有力です。私も後者のように考えた方が、実態に合っていると思います。

第四章　日本の変貌と三つの武家政権

前章に引きつづき、時代の流れに沿って、歴史のつかみ方に留意していきたいと思います。平氏政権と鎌倉幕府成立の前後で章を分けたのは、平氏政権が武家政権のさきがけであるとはいえ、やはり本格的な武家政権の誕生が日本史の大きな転換点だからです。つまり、ここが古代と中世の画期になるわけです。

また、南北朝期もそれ以上の画期であったと言えそうです。それは、前章でたびたび触れてきた皇統の問題が、この頃にはもはや政治上の原動力ではなくなってくるからです。その経過と武家政権の変質を追い、さらには武家政権が終わって、そして日本の近代が始まってしばらくまでを追っていきましょう。

1　鎌倉幕府と天皇

平氏の滅亡と幕府の成立

平清盛は、平氏打倒をもくろんだ、いわゆる「鹿ヶ谷の陰謀」の発覚を契機に後白河法皇を幽閉し、関白以下多数の貴族を処罰して権力の集中をはかります。しかし、これは逆に貴族層の反発をもたらし、反平氏の機運が高まりました。

まず、後白河の皇子である以仁《もちひと》王が平氏打倒の兵をあげます。これは失敗に終わりますが、しかし、これ以後、全国が内乱状態となっていきます。

清盛は、後白河法皇・高倉上皇・安徳天皇を、強引に平氏の根拠地である福原（兵庫県神戸市）に移しますが、一一八一（養和元）年正月、治天の君であった高倉上皇が没します。この時代の観念では、天皇が幼いだけに、治天の君の座を空席にするわけにはいかず、清盛は心ならずも後白河法皇の院政再開を認め、同年閏二月四日には、清盛自身が病で没してしまいます。こうして後白河は、再び権力者の座に返り咲きました。

後白河は、木曾義仲らに平氏追討の院宣を与え、安徳天皇を廃位して、後鳥羽天皇

（高倉上皇の第四皇子）を立てます。このため平氏は反逆者の立場になりました。

このあたりからの歴史は、源平合戦として有名ですが、源氏と平氏の戦いはその一部にしかすぎません。頼朝は、自身は鎌倉を離れず、弟の範頼や義経らがまず木曾義仲を討ち、一一八五年には、壇ノ浦の戦いで平氏をも滅ぼします。ところが、これで戦いは終わりません。平氏討伐の最大の功労者とも言える義経が、頼朝の不興を買い、追われることになります。頼朝の許可なく後白河から官位をもらったことが理由だとされていますが、頼朝の考えを推し量れば、将来の脅威になりそうな義経を抹殺しようというものだったと見るべきでしょう。

頼朝は、義経らの探索を口実に、諸国に守護（惣追捕使《そうついぶし》）と地頭を設置する権利を後白河に認めさせています。鎌倉幕府成立を一一八五年とする説は、これを重視するものです。先にも述べたように、守護は、かつての国司の権限を引き継ぐものですから、それを任命できる頼朝の権力は、国家機関の重要な一翼を担ったと考えていいでしょう。

義経は奥州の藤原秀衡を頼って平泉に行きますが、秀衡の没後、その子の泰衡は、頼朝からの圧力によって、義経を衣川館《ころもがわのたち》に襲って討ち取ります。そして、頼朝は後にこの泰衡をも攻め滅ぼします。

この頃の武士の心性は、たとえ親子兄弟であっても、対立すれば容赦なく攻め滅ぼすというものでした。これは頼朝だけの冷徹さではなかったでしょう。頼朝の血統が子供の代で断絶してしまったのも、そうした東国武士の心性と無関係ではないと思われます。

一一九〇年十一月、頼朝は初めて入京して法皇と天皇に拝謁し、権大納言、次いで右近衛大将に任じられます。しかし、頼朝はすぐにこの両官を辞任します。したがって、これを幕府成立の根拠とできないとする意見にも一理ありますが、これらの官職に任じられたことによって、頼朝の立場が公的なものとなったことは確かです。

鎌倉幕府の主要な政治機関に「政所《まんどころ》」がありますが、これはもともと親王家や摂関家などに家政を行う役所として設置が許されたものです。鎌倉幕府の政所から発給《はっきゅう》された公的文書である下文《くだしぶみ》を見ると、「前《さきの》右大将家政所」と書かれています。政所は前右大将の資格で設けられたものなのです。武家が創出した機関ではありません。

一一九二（建久三）年三月十三日、後白河が没し、七月には頼朝が征夷大将軍に任じられました。頼朝は、征夷大将軍もすぐに辞任していますが、二代将軍頼家以降は、この官職が幕府の象徴となります。

鎌倉幕府の政治機構

朝廷の政治機構に比べれば、武家政権である幕府の政治機構は簡素なものでした。鎌倉幕府では、一般の政務や財政を担当する政所（初期には公文所）のほか、将軍の家臣である御家人を統率する侍所、裁判を行う問注所が置かれました。このうち、政所や問注所は、京都から下った下級公家も別当になっています。

地方には、守護・地頭が置かれました。それまで地方は、「荘園公領制」と言われるように、国家の機関である「国衙」と、国衙の支配を受けない「荘園」で構成されていました。守護は、東国の国衙の支配権を引き継ぎ、荘園の管理を行う下司には地頭が任命されることが多く、地頭の荘園侵食が進んでいきます。ただし、西国では、国衙や荘園が残っていて、全国一律に鎌倉幕府の支配が及んだわけではありません。

従って、この時代にも朝廷や公家の支配権が継続しているのですが、鎌倉幕府によって武家政権が成立したという見方からは、それは軽視されてきました。しかし、さすがに現在の『詳説日本史B』では、「幕府の勢力範囲を対象とする式目と並んで、朝廷の支配下にはなお律令の系統を引く公家法が、また荘園領主のもとでは本所法が、まだそれぞれの効力をもっていた」と目配りよく記述されています。

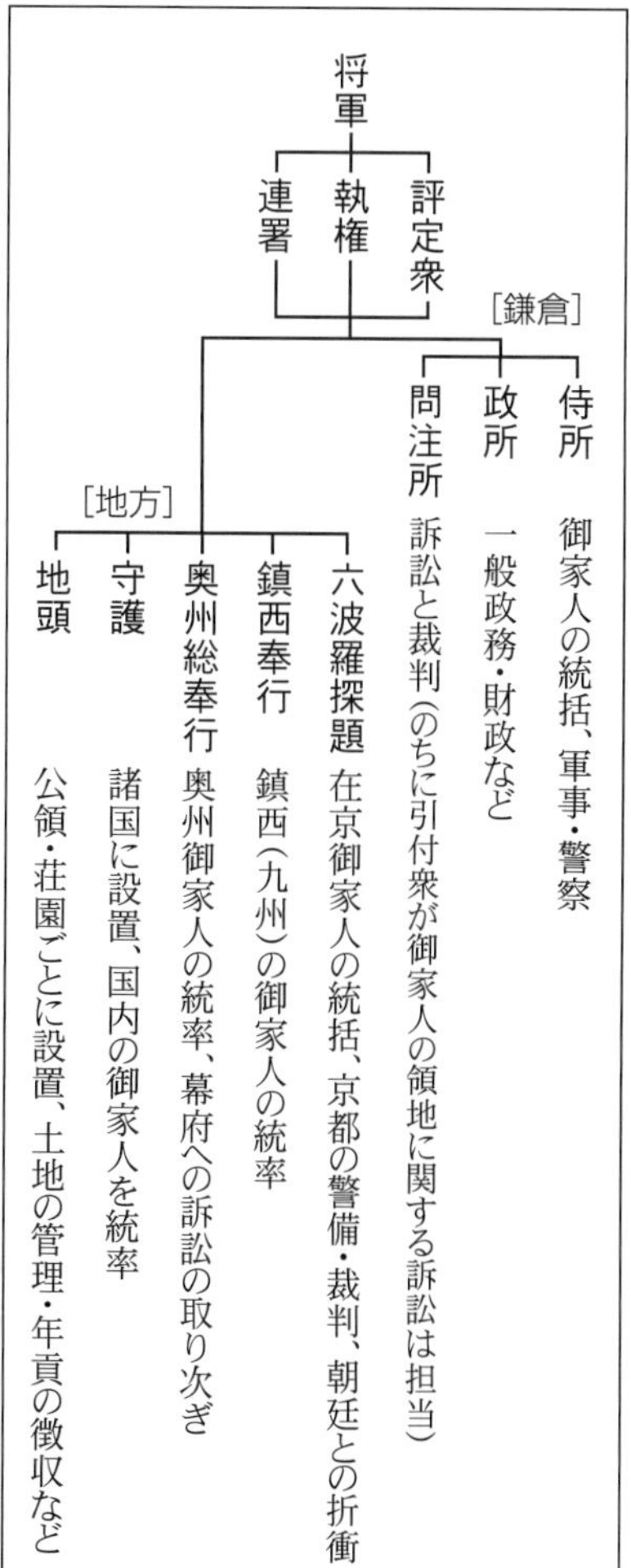

源氏将軍の断絶と承久の乱

頼朝亡きあとの鎌倉幕府は、頼朝の妻政子の父北条時政が権力闘争に勝利し、二代将軍の頼家を暗殺し、弟の実朝を三代将軍に立てます。しかし、実朝は、頼家の子公暁《くぎょう》に暗殺され、公暁も殺害されるので、源氏将軍はわずか三代で断絶することになりました。

その二年後の一二二一（承久三）年、後鳥羽上皇は、北条義時の追討を命じます。上皇と良好な関係にあった実朝の政治が変更されたことなどに不満を持ったのが原因でした。今の我々から見れば自らの武力を持たない上皇の無謀とも思える行動ですが、後鳥羽は自分が意向を示せば、義時が御家人の中で孤立するだろうと考えたのでしょう。この時代の上皇は、まだまだ強い統治者意識を持っていたのです。

実際、義時もかなり動揺したのですが、公家出身で政所の別当だった大江広元らの強い意見によって、長男泰時を大将、弟の時房を副将として鎌倉を出発させました。この迅速な決断が功を奏し、御家人たちの支持を得た泰時らの軍は、一ヶ月足らずのうちに京都を征圧します。

首謀者の後鳥羽上皇が隠岐島に流されたほか、土御門上皇は土佐へ、順徳上皇は佐渡へ流され、幼い仲恭《ちゅうきょう》天皇は廃されました。幕府は、高倉天皇の孫の茂仁《ゆたひと》親王を即位させ、後堀河天皇としました。三上皇と天皇を武力で除いても、幕府にとってはまだ天皇という存在が絶対に必要だったのです。

もっとも、この承久の乱は、やはり朝廷の権威を決定的に低下させた大事件でした。幕府は、上皇方についた貴族や武士の所領三千カ所を没収し、戦功のあった御家人をその地の地頭に任命しました。

義時の死後は、長男の泰時が執権となり、弟の時房は「連署《れんしょ》」となって幕府を運営していきます。連署は、のちには執権の補佐役として定着して行きますが、時房のときには、次席の執権としての位置づけでした。連署とは、上位の執権が発給する文書に連なって署名することから呼ばれたものです。

泰時は、時房の死後は連署を置かず、しばらくは一人執権体制となります。これ以後、北条宗家の嫡流が、「得宗《とくそう》」と呼ばれて権力を握ることになります。

北条氏の権力掌握

承久の乱後、時政の後を継いで執権となった北条義時は、空位となっていた将軍の座に、公家の一条能保に嫁いでいた頼朝の妹の曾孫である九条（藤原）頼経を迎えました。四代将軍頼経は、鎌倉に入った時はまだわずか二歳の幼児でしたが、成長すると、近習や護衛の家臣たちを中心に幕府内に将軍独自の勢力を形成し、執権勢力と対抗するようになっていきます。飾りの将軍であっても、将軍の地位そのものが権威を持ち、それを後ろ立てにしようとする勢力が出てくるのです。

一二四六（寛元四）年、執権北条時頼は、頼経を擁して自分を攻めようとした名越光時（北条義時の孫）を屈服させた上で頼経を京都に送還します。また翌年の宝治合戦で、将軍派だった有力御家人の三浦氏や千葉氏を滅ぼします。次の将軍には頼経の子で、まだ六歳の頼嗣を立てますが、これもまた八年後に廃し、さらに後嵯峨天皇の二男宗尊親王を迎え、親王将軍の時代となります。

時頼の死後、得宗となった時宗の時代には、一二七四（文永十一）年と一二八一（弘安四）年の二度にわたって、元・高麗連合軍の日本侵略である蒙古襲来（元寇）が起きます。

この国家的危機に際して時宗は、西国の御家人を動員して防衛につとめました。これを見ると、幕府が中央政府としての実質を備えていたことがわかります。

一二八四年、時宗は三四歳の若さで死去し、子の貞時が得宗を継ぎますが、まだ一四歳の若さでしたから、指導力を発揮することはできません。そのため、得宗の家来である「御内人《みうちびと》」が権勢をふるうことになります。内管領《うちかんれい》（御内人の指導者）平頼綱が有力御家人の安達泰盛を滅ぼした霜月騒動は、その専横の一例です。

得宗の家来にすぎない御内人のこうした行動は、大多数の御家人の反感を買うものだったでしょう。こうして、幕府内部に対立の火種がくすぶりました。

二つに割れた天皇家

しかし、幕府を滅亡に導く直接の原因になったのは、御内人の専横ではなく、「両統《りょうとう》迭立《てつりつ》」に始まる天皇家の皇統をめぐる争いでした。

両統迭立とは、皇統が二つに分かれて、両者が入れかわりに天皇位についたことを言います。後嵯峨天皇の子の代に、皇統が後深草天皇の持明院《じみょういん》統と亀山天皇の大覚寺《だいかくじ》統の二つの「家」に分裂したのです。

それぞれが幕府に働きかけを行い、自らの血筋で皇統を続けようとしました。これに対して幕府がはっきりとした態度を示していれば、正統はどちらかに決まったのかもしれません。しかし、鎌倉幕府の指導部は弱体化しており、もともと天皇家内部の争いだということもあって、その場しのぎの対応に終始しました。

持明院統と大覚寺統は、それぞれが広大な荘園を所有しています。また、上皇の御所を仙人が住む場所の意で「仙洞御所《せんとうごしょ》」と言いますが、この仙洞御所も両統で別に構えており、その場所にちなんで持明院統、大覚寺統と呼ぶようになるのです。

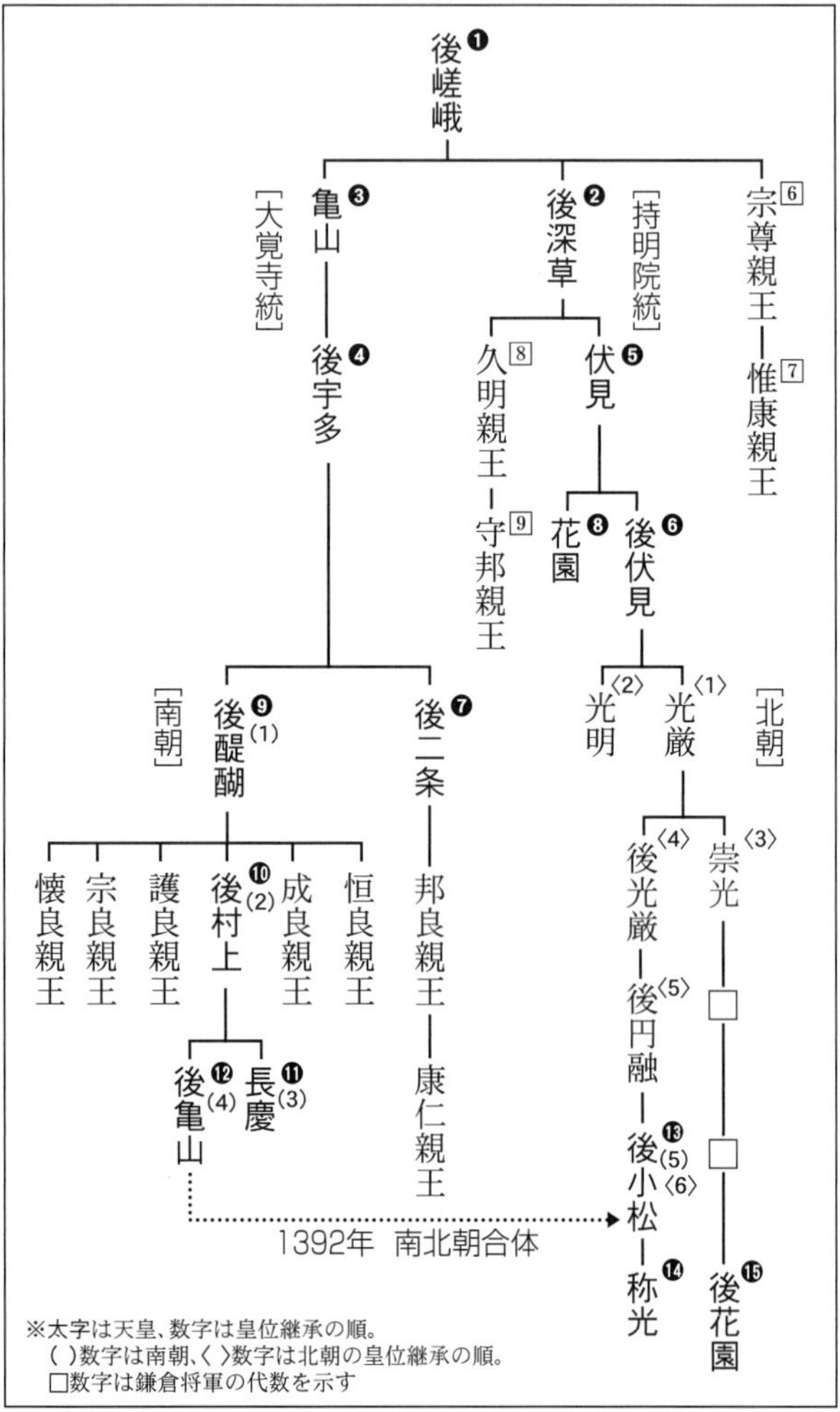

※太字は天皇、数字は皇位継承の順。
（ ）数字は南朝、〈 〉数字は北朝の皇位継承の順。
□数字は鎌倉将軍の代数を示す

こうした状況の中、大覚寺統の後宇多上皇は、持明院統の花園天皇の次に二男の後醍醐天皇を立て、さらに皇太子にも孫の邦良親王（後二条天皇の子）を立てました。当然、持明院統は反発して後醍醐天皇の譲位を要求します。

しかし、後醍醐の拠り所は天皇位しかなかったので、あくまで譲位拒否の姿勢を貫きます。ところが、邦良親王が二七歳の若さで死去し、幕府は持明院統から皇太子を出します（のちの光厳天皇）。このままでは、後醍醐は自己の血筋で皇統を続けることができません。

そこで後醍醐天皇は、一三三一年に挙兵を企てて内裏を脱出して抵抗しようとしますが、捕らえられて隠岐に流罪になります。これが元弘の変ですが、結果として幕府の方針通り、天皇には光厳が、皇太子には邦良親王の子である康仁親王が立てられます。つまりこれは、大覚寺統にも配慮したこれまでの両統迭立の原則によった措置でした。

鎌倉幕府の滅亡

天皇である後醍醐の意思は、幕府の裁定の前には無力でした。ところが、「悪党」とも呼ばれた新興武士層の楠木正成らが、後醍醐の皇子護良親王の呼びかけに応え、反鎌倉幕府の戦いの火の手をあげました。

すでに天皇は、幕府に依存する存在で、それを支える貴族も実力を失っていました。しかし、新興の武士勢力が、天皇ではなくなった後醍醐を奉じて行動を始めたのです。社会の底部に、それまでの支配秩序を突き崩す巨大なエネルギーが蓄積していたのでしょう。

もっとも、これらの勢力は、倒幕の主体にはなり得ませんでした。倒幕そのものは、幕府内部の有力御家人によって実現されます。特に、足利高氏（のちに尊氏）が幕府に背いたことが決定的でした。足利氏は、頼朝と同じく清和天皇を祖とする清和源氏の血を引く名族で代々得宗の娘を室に迎える有力御家人です。高氏の「高」の一文字は、得宗の北条高時の「高」をもらったものだと気づけば、高氏の離反がいかに衝撃的だったかがわかるはずです。

畿内に向けて派遣された幕府軍の指揮官であった高氏が、京にある幕府の本拠である六波羅探題を攻め落としたことで、畿内の戦いの帰趨は決しました。

そして、関東で幕府を倒したのは、上野国の有力御家人新田義貞です。新田氏も、やはり清和源氏の血を引く名族です。義貞は、護良親王の呼びかけに応え、鎌倉をめざして進軍を始めました。

義貞の軍勢には、武蔵国の御家人も加わって義貞の軍勢はふくれあがり、多摩川畔の分倍河原の戦いで幕府軍を破り、続いて陸路では攻め難い鎌倉市中を、海岸伝いに七里ヶ浜から奇襲しました。追い詰められた得宗北条高時と鎌倉在住の得宗家の御内人約七、八百名は、次々と自害します。こうして一三三三（元弘三）年、鎌倉幕府はあっけなく滅亡しました。

幕府滅亡のそもそものきっかけは、後醍醐の天皇位への執着だったのですが、初めての武家政権の滅亡という大きな歴史のうねりは、北条氏得宗に対する御家人層の反感が積み重なったためだったと見ることができます。そのため、幕府の滅亡は得宗家の滅亡にすぎず、御家人層は健在でした。

2　弱体だった室町幕府

建武の新政と三つ巴の戦乱

京都に帰った後醍醐天皇は、幕府も院政も摂関も否定し、天皇中心の政治を行おうとします。これを建武の新政と言います。

しかし、朝廷では、長く摂政・関白を中心に公家たちが政治や儀式を行ってきました し、武士社会もすでに鎌倉幕府が一四〇年ほども続き、武士社会の慣行が成立していま す。複雑な政治の経験のない後醍醐が、諸勢力の支持を失っていくのは当然でした。

こうした中で、北条高時の子時行《ときゆき》が反乱を起こし、鎌倉を占領します。中先代《なかせんだい》の乱と呼ばれるものですが、これを討伐するために関東に下った足利尊氏（後醍醐の諱《いみな》「尊治《たかはる》」から「尊」の一字を賜って高氏を改名）は、乱を鎮圧した後、建武政権への対抗姿勢を示してこれを打倒します。後醍醐は、吉野山（奈良県）に逃れました。

尊氏が擁立した持明院統の光明天皇は、一三三八（暦応元）年、尊氏を征夷大将軍に任じます。しかし、前述したようにまだ室町は幕府の所在地ではなく、吉野の後醍醐は正統を主張していますので、これ以後の時代を南北朝時代と言います。朝廷が北朝（京都）の持明院統と南朝（吉野山）の大覚寺統に分裂したわけです。ただし、この時代は南朝と北朝が一対一で戦ったものではありませんでした。

足利家でも、尊氏と弟の直義が対立して「観応《かんのう》の擾乱《じょうらん》」という武力抗争を始めます。幕府と直義派と南朝勢力が三つ巴となって、それぞれが各地の武士を糾合しました。お互いに離合集散を繰り返し、一時は尊氏が南朝に下ったこともあります。

南北朝の動乱が、南朝の譲歩により皇統が合体する一三九二年まで長引いたのは、武家社会に一般的だった惣領制《そうりょうせい》が解体しつつあったためでした。

惣領制とは、それぞれの武士団の宗家を首長とし、分割相続によって成立した分家も、宗家を中心に結束する体制です。ところが、次第に分家が独立の様相を強めるようになります。そして一方、分家内部では所領を細分化させないために嫡子単独相続が行われるようになります。

こうした武士社会の変化の中で、宗家が北朝につけば分家は南朝につく、といった形で独立運動を始めるようになったのです。また、それぞれの地域に頻発した武士団同士の所領争いも、南北朝のどちらかに権威を求めて行われるようになります。

このため、混乱が収拾するまでに五十年以上もの歳月が必要になったわけです。日本社会は、皇統をめぐる中央の争いから、地域の武士団が勢力争いをする時代に移行していたと言っていいでしょう。

網野善彦さんは、荘園公領制を基礎とする武家・公家・寺社の支配が、この時期から動揺を始め、これまで非農業民の遍歴や農業民の「浮浪性」を前提としていた体制が、非農業民の定着によって質的な転換を遂げていった、と見通しています。よく応仁・文明の乱が日本社会の転換点とされますが、室町時代には現在の日本につながる文化が生まれていますので、南北朝の動乱期を日本社会の転換点とする議論も十分に根拠を持っていると思います。

室町時代の始まり

一三七八（永和四）年、尊氏の孫の三代将軍足利義満は、京都の室町に「花の御所」とも呼ばれた広壮な邸宅を構え、ここで政治を行います。名実ともに室町幕府が誕生したことになります。そして、義満の強力な政治力によって一三九二年に南北朝の合体が行われたわけですが、合体と言っても南朝最後の天皇である後亀山天皇が天皇位を辞して京都に帰り、三種の神器を北朝の天皇に引き渡したのですから、南朝の全面的敗北です。それを合体と表現するのは、実際に在位した天皇である後醍醐に始まる南朝の歴代天皇を傷つけないためでしょう。

ただ、後亀山天皇は、南朝から皇位継承者を出すと約束されていました。ふたたび、両統迭立になると信じて京都に帰ったのです。しかし、それが実現されないため、一四一〇（応永十七）年には、ふたたび吉野に出奔して後南朝を立てますが、わずか数年で帰京します。以後も応仁・文明の乱の頃まで後南朝勢力は残りますが、もはや大きな力となることはありませんでした。

一方、義満は、南北朝の動乱の中で力をつけた諸国の有力守護を攻め、勢力の削減を実現しました。これによって室町幕府の最盛期が始まります。

義満は、太政大臣にまで昇り、明との貿易を「日本国王」を称して行います。このため、義満には皇位簒奪《さんだつ》の意思があったと言われることがあります。しかし、この説を支持する研究者はほとんどいません。なぜなら、室町幕府の正当性は、朝廷から征夷大将軍に任じられたことにあったからです。

もし天皇の地位を簒奪したとすると、同時に自己の権力を正当化する権威がなくなり、廃された天皇を奉じて対抗する勢力が出てくるかもしれません。そんな危険な賭けをするよりも、天皇を我が物として、幕府の権力を正当化した方がはるかに合理的です。「日本国王」号について言えば、明と貿易をするためには、明の冊封《さくほう》を受けて明の皇帝と君臣関係を結び、外交関係を持つことが必要だったのです。いわば貿易のための方便です。たとえ義満が「日本国王」に封じられて明皇帝の臣下になったとしても、それは義満個人のことで、天皇はなおその上にいるのですから、日本が明に服属したことにはなりません。

日明貿易は、幕府に莫大な利益をもたらし、大量にもたらされた銅銭によって、庶民のレベルにまで貨幣経済が浸透し、商工業が飛躍的に発展することになりました。

室町幕府の政治機構

室町幕府の将軍は、代々足利氏が世襲しました。足利氏は清和天皇の血筋を引く清和源氏の一族ですから、この時点では、まだ武家の棟梁は天皇家の血を引く貴種でないと武士たちのおさまりがつかなかったと考えるべきでしょう。

室町幕府の政治機構には、将軍を補佐する管領、京都内外の警備や刑事裁判を担当する侍所があります。次頁の組織図で見ても室町幕府の政治機構は、鎌倉幕府とほとんど同じです。違うのは将軍が足利家の世襲で続いたことです。

管領は北条氏が独占した執権とは違って、足利氏一門の細川・斯波・畠山の三家が交代で任命されました。また、侍所の長官（所司）は、赤松・一色・山名・京極の四家から任命されました。これを三管領《さんかんれい》四《し》職《しき》と言いますが、どちらもあくまで将軍を補佐する存在で、執権のように将軍の代わりに政治を行うものではありません。

全国には、国ごとに守護が置かれ、三管領四職をつとめるような有力な一族は、複数の国の守護を兼ねていました。たとえば山名氏は、全国の六分の一にあたる十一カ国の守護を兼ね、「六分の一殿」と呼ばれました。そして、守護の中には、その国への支配力を強めて領国化する者もいましたが、幕府の建前は、あくまで守護は将軍が任命する者でした。そして、守護は原則として在京し、国には守護代が置かれて支配しました。

地方機関としては、関東に鎌倉府が置かれたほか、奥州探題、羽州探題、九州探題が置かれ、その地域の軍事指揮権を委ねられました。鎌倉府は、幕府とは半独立の機関となり、鎌倉公方の下に関東管領が置かれました。「公方」とは本来は将軍のことですから、これは東の幕府と言っていいほどのかなり独立性の高い存在でした。

室町幕府は、そもそも将軍・有力守護連合という性格の強い政権です。将軍の権力は、有力守護の支えがあってこそ確立したのです。しかし、幕府の権力が安定してくると、将軍は有力守護の力を削減し、将軍権力を強化しようとします。軍事力も、「奉公衆」と呼ばれた将軍の直轄軍を整備します。「奉公衆」は、足利氏の家来、守護の庶子家、有力国人などから構成されました。

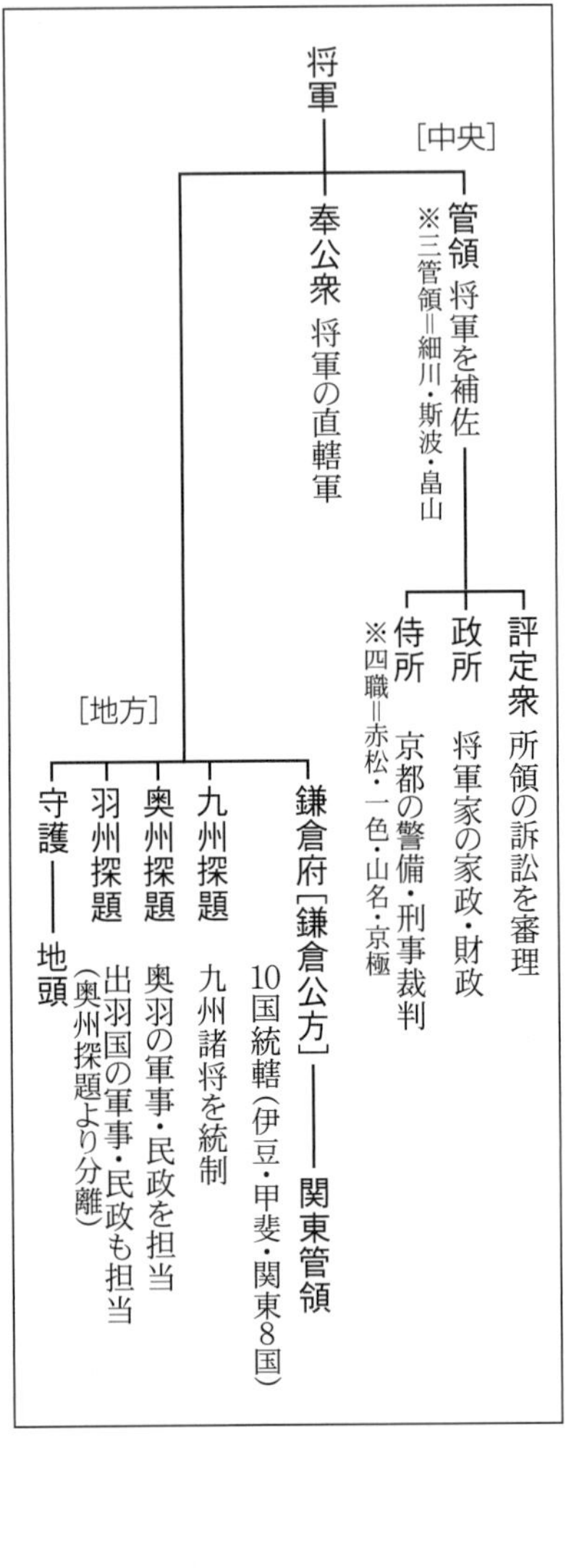

応仁・文明の乱と下剋上

とくに六代将軍義教は、管領の言葉に耳を貸さず、専制的な政治を行い、独立する動きを見せる鎌倉公方の足利持氏を滅ぼし（永享の乱）、有力守護を弾圧していきます。そのため一四四一（嘉吉元）年、有力守護の一人赤松満祐とその子教康は、義教から弾圧されることを恐れて、義教を自邸に招いた折に暗殺してしまいます（嘉吉の変）。赤松満祐父子は幕府方の軍勢によって討伐されますが、将軍の権威が大きく損なわれることになりました。

そして、室町幕府が決定的に弱体化するのは、一四六七（応仁元）年から一四七七（文明九）年まで、京都を主要な戦場として十年にわたって続いた応仁・文明の乱が起こったためです。

この大乱は、管領・畠山家の内紛が契機となり、それに将軍家の家督争いがからみ、そこへ有力守護の細川勝元と山名持豊が介入して、各地の守護が細川方（東軍）と山名方（西軍）に分かれて戦ったものです。

将軍家の家督争いは、義政の弟で養子となっていた義視と、義政の正室日野富子が生んだ義尚の争いです。富子は、この争いに深く関与していました。

室町将軍の正室は、三代将軍義満以来、公家の日野家から迎えられていました。日野家は、藤原北家の系統で、本来は権中納言を極官（その家の家格で就ける最高位のこと）としていましたが、歴代将軍の正室を出したため、富子の兄、日野勝光のように左大臣に昇進する者も出ています。

富子は、守護大名からの贈答儀礼や様々な手数料収入などによって莫大な米銭を蓄財していました。応仁・文明の乱中にも、大名たちに蓄財した財産を高利で貸し付けたり、米の投機的商売を行ったりしていたということです。この応仁・文明の乱により、将軍家は日本全国に対する実質的な支配権を失い、畿内を基盤とする政権に変化していきます。そして、幕府の中心には、政治に飽きた義政に代わって富子が座りました。

それまで在京していた守護は、領国に帰って、地方権力として、すなわち守護大名として生き残ろうとしました。しかし守護大名も、領国内に土着してきた守護代や有力国人に領国支配の実権をすでに奪われてしまっている者が多く、時代は戦国時代になっていきます。

各地で権力を握ったのは、守護代や有力国人だけではありません。国人たちの連合である国一揆や一向宗の門徒の連合である一向一揆などもあります。いったん権力を握った守護代が、さらに下の者に取って代わられることもありました。いわゆる下剋上《げこくじょう》の動きが始まっていったのです。

戦国大名と朝廷

下剋上の動きは、各地に支配権を確立した戦国大名が登場するようになると、これによって押しとどめられていき、戦国大名が国人たちを家臣に編入して地域的な権力を打ち立てます。戦国大名は、周囲の戦国大名と争い、次第に領国を拡大していき、広域的な地域を統一する権力となります。織田・豊臣政権の天下統一の前提となったのは、こうした地域統一権力の確立です。

この時代は、朝廷の影響力はすでにほとんどなくなっています。しかし、戦国大名は朝廷の官位を欲しがり、多額の献金を行って叙任《じょにん》されています。

たとえば周防国山口を本拠とした大内義隆は、正五位下・周防介、筑前守、従四位下、太宰大弐と何度も官位を受けています。支配していた周防に関する官位だけでなく、筑前守などの官位を欲したのは、彼が筑前などを攻略していたためですが、当然のことながら、官位をもらったからといって、すぐに筑前国を実効支配することはできません。義隆は、これまで筑前国を支配してきた少弐氏と戦いを繰り返し、実力で筑前国を切り取る必要があったのです。

但し、官位は周辺の武士を味方につけるのには有効な場合もあり、戦国大名にとって、名目だけでも自分が支配しようとする国の国司になることが、名誉だと考えられていたようです。そして、こうしたことが可能になったのは、経済的に困窮していた朝廷が、献金さえすればある程度の官位を与えるようになっていたからです。先例にこだわる朝廷ですが、すでにそんなことを言っていられないほどの状況になっていたのでした。

たとえば、応仁・文明の乱の時の後土御門天皇は、お金がないので譲位して上皇になることもできず、死後、四十三日間も葬儀ができませんでした。そして後土御門の後を継いだ後柏原天皇は、なんと二十一年間も即位の儀式を行うことができないままだったのです。

さすがに日常生活に事欠くことはなかったのですが、多額の費用を要するこうした儀式を行えるほどの財政状況ではなかったのです。本来であれば朝廷を庇護する幕府がそうした費用を出す必要があるのですが、幕府も畿内近国の直轄地ぐらいしか実効支配しておらず、朝廷の要請に応えられていません。こうした状況ですから、高校の日本史教科書にも戦国時代の天皇の名前は出て来ません。要するに、政治的にはまったく無力の存在となっていたのです。

3　織豊政権の天下統一

大航海時代と日本

十五世紀末、イタリア・ジェノバの商人コロンブスが大西洋を横断して西インド諸島に到達しました。これが、「大航海時代」の始まりです。かつては「地理上の発見」と言われていましたが、ヨーロッパ人にとっては発見でも、その地域にはすでに古くから人が住み独自の文明が栄えていました。その反省から、今はそういうヨーロッパ中心の言い方はしません。

イタリア諸都市は、イスラム国家のオスマン・トルコ帝国を介してアジア貿易を行い、繁栄していました。その富を基盤にルネッサンス（文芸復興）が発展し、科学技術も向上しました。コロンブスは、スペイン王女イサベルの援助を得て航海に乗り出しますが、その前提には、羅針盤の発明や地球が球体であることの発見などがあったのです。

コロンブスは、死ぬまで自分が発見したのはインドだと思っていました。コロンブスの着いた島が西インド諸島と呼ばれるのはそのためです。

少し遅れてポルトガルのヴァスコ・ダ・ガマが、喜望峰を回ってインド西海岸に達します。彼らが到達したインド海域は、イスラム商人による貿易ネットワークが築かれていました。ポルトガル人は、インド西海岸のゴアに根拠地を築き、さらに東アジア海域に進出してマカオに拠点を築きます。

そして十六世紀半ば、スペインの船隊を率いたポルトガル人のマゼランは、アメリカ大陸南岸を回って太平洋を横断し、フィリピン諸島に到達します。ここでマゼランは現地の住民に殺害されますが、その船隊は世界周航を成し遂げます。こうして初めて世界が一体となり、「世界史」が成立するのです。これ以後の各国の歴史は、世界史の動きと密接な関係を持つようになります。これは、もちろん日本も同様です。

東アジアの国際情勢

東アジアでは、明の皇帝を君とし、諸国の王を臣とする関係が結ばれていました。前述のとおり、足利義満が明皇帝から冊封を受けたのも、そうしないと明と貿易ができなかったからでした。

明は、渡航証明書である「勘合《かんごう》」を持たない外国船は受け付けず、自国民が海外に赴くことも禁止しました。これを「海禁《かいきん》」と呼びますが、海禁政策のもとでは、明と冊封関係にない国は直接貿易することができませんでした。そのため東アジア海域では、明の豊富な物品を非合法的に仕入れ販売する中継貿易が、中国、日本、朝鮮、琉球、ベトナムなどの人々によって行われていました。中でも「倭寇」が大きな勢力でしたが、これは明が、海外で活動する中国人を主体とする海賊を呼んだものでした。南北朝期に活発に活動した「倭寇」は、日本人が主体でしたが、この時期の「倭寇」は、決して日本人主体の海賊ではありません。両者を区別するために、「前期倭寇」「後期倭寇」と呼ぶようになっています。

鉄炮とキリスト教の伝来

ポルトガル人は、その東アジアの貿易圏に割り込んできました。一五四三（天文十二）年、種子島に鉄炮が伝えられますが、これをもたらしたポルトガル人を乗せた船も中国人「倭寇」のものでした。以前は、その伝来の経緯を伝える『鉄炮記《てっぽうき》』という史料の記述によって、たまたま種子島に漂着したと理解されていたのですが、現在では種子島を目指して来航したものと考えられています。

種子島は、当時、中国へ派遣する船舶の拠点になっていました。島主の種子《たねが》島《しま》時尭《ときたか》が鉄炮に興味を持って、多額の代価を支払って二挺購入したのは、これを参考に複製品を造って諸国の戦国大名への商品にしようとしたものだと思われます。

また、種子島以外の西日本地域にも同時期に前後して伝来したようです。そういう事情ですから、鉄炮はしだいに日本各地に広まり、堺、紀伊の根来や雑賀、近江の国友などで国産鉄炮が大量に生産されるようになります。とくに堺が拠点になっているのは、堺が当時の日本では有数の国際貿易都市だったことを考えればうなずけます。

こうなると、戦国大名の戦いも、伝統的な騎馬武者中心のものから、足軽鉄炮隊を活用するものへと戦術が変化していきます。信長の軍隊が強力だったのも、堺や近江を掌握して、鉄炮を大量に調達することができる条件があったからです。

ちなみに、一五四三年は「以後予算《1543》増える鉄炮伝来」と覚えますが、ポルトガル側の史料を勘案して一五四二年だとする説も現在では有力です。そうだとすると、「以後死人《1542》増える鉄炮伝来」と覚えなければなりません。

ポルトガル人やスペイン人は、南蛮人と呼ばれました。彼らによる南蛮貿易は、キリスト教宣教師の活動と一体のものだったので、一五四九年のフランシスコ・ザビエルの来日以来、多くの宣教師が日本に来て布教活動をすることになります。南蛮貿易の利益に注目した九州の戦国大名の中には、大友宗麟などキリシタンとなる者もいました。彼らの領内ではキリスト教の布教が行われたので、民衆層におけるキリシタンの数も激増しました。

将軍義昭と信長包囲網

数多くの戦国大名の中から、天下統一をほぼ実現したのは、尾張の戦国大名織田信長でした。信長は、桶狭間の戦いで駿河の今川義元を討ち取り、その後、美濃の斎藤氏を滅ぼして岐阜に進出します。

京都では、十三代将軍足利義輝が幕府の実権を握る松永久秀らに殺害されています。室町幕府の権威も地に落ちたと言えるでしょう。しかし、だからと言って将軍不在では世の中はまとまらないので、足利将軍家の一族で、阿波国（徳島県）にいた義栄《よしひで》が十四代将軍に擁立されます。もっとも義栄は、征夷大将軍にはなったものの、混乱する京には入ることがかなわず、摂津富田（大阪府高槻市）に留まります。

一方、義輝の弟で興福寺の僧となっていた覚慶《かくけい》は、幽閉されていた一乗院を脱出し、還俗して義秋と名乗ります。義秋は、諸国の戦国大名に幕府再興を呼びかけ、近江、若狭、越前を転々とします。この呼びかけに応えたのが、信長でした。

義昭と改名した義秋は、一五六八（永禄十一）年七月、織田信長の要請をいれて美濃岐阜に赴き、同年九月、信長とともに入京します。これと前後して、義栄は病死しており、義昭は、征夷大将軍、従四位下参議、左近衛権中将に叙任されて、幕府を再興します。翌年六月には官位をさらに従二位権大納言にまで進んでいます。

義昭は、信長の軍事力によって将軍に就くことができたのですから、信長の意向は無視できないはずです。しかし、将軍になったことを自負する義昭は、信長の意向を離れて諸国の戦国大名に将軍の命令書である「御内書《ごないしょ》」を信長に無断で発給するなど、独自の政治的な動きを始めます。

これに対して翌年正月に信長は、「殿中の掟」を定めて義昭の行動を規制しようとします。その内容は、義昭の行動はすべて信長の許可を得ること、将軍として朝廷への奉仕を怠らないこと、といったものでした。信長の真意は、朝廷―幕府という権威を復活させ、そのもとで自らが政治の主導権を握ろうとしたものだったと思われます。

しかし、義昭は、一五七二（元亀三）年、反信長の態度を鮮明にし、甲斐の武田信玄、越後の上杉謙信、石山本願寺の顕如、北近江の浅井長政、越前の朝倉義景らを糾合して、反信長包囲網をつくり、一五七三（天正元）年四月に挙兵します。いったん講和したものの、七月一日に山城国槇島城で再度挙兵、しかし、同月十八日にはあっさりと降伏させられ、畿内から追放されます。

この時点で室町幕府は実質的に滅亡しますが、義昭は、河内、紀伊、そして備後の鞆《とも》（広島県福山市）などを転々としながら、幕府再興の努力を続けます。義昭は、依然として将軍の地位にあったので、毛利氏に保護されて鞆に落ち着いたことを指して、「鞆幕府」と言う研究者もいますが、将軍としての実権はもはやまったくありません。

留意しておきたいのは、いかに信長が軍事力に卓越していたとしても、京都に上り様々な勢力を従わせるためには室町幕府復興という名分が必要だったということです。そして一方、義昭が将軍として独自の動きを始めたことは、将軍というのはそうした役割を持つものだ、という観念が義昭に強くあったことを示しています。

つまり、こうした世間に、また個々人に刻印されている意識が、いったいどのようなものであったかが、歴史を読み解く上ではかなり重要な意味を持つのです。

近世はいつ始まったか

現在、近世の始まりは織豊期からとするのが一般的です。それは、寺社や一向一揆、国人一揆など、複数の権力が分立していた中世的支配構造を信長や秀吉が克服し、一元支配することに成功したからです。しかし、すでに戦国大名の権力は、一元的に領国を掌握していたので、その支配領域の大小を別にすれば、信長の権力とその性格に大差はありません。そのため、研究者によっては織田政権はもとより豊臣政権までを中世に含めようとする人もいます。逆に、同様の理由から戦国大名の登場以降を近世だとする研究者もいます。時代の移行期は、どこかにはっきりと線を引くことができないので、どうしてもそういうことがあります。

しかし、政治史的に言えば、畿内周辺に大勢力を築いて天下をほぼ統一した織田政権の画期性は言うまでもないことなので、教科書などでは織田政権以降を近世としているのです。

もっとも、厳密な議論をすれば、秀吉が太閤検地や刀狩りによって実現した「兵農分離」が近世の画期だと考えられます。太閤検地は、その地を耕作する農民にのみ土地の権利を認めたため、それまでの支配、権利関係が複雑だった荘園制の名残りが最終的に終焉を迎えました。私は、太閤検地によって成立した、耕作から離れた兵と武器を使うことを否定された農が分離される体制を、近世社会の本質だと考えています。

ただ、これに対しても、戦国大名はすでに同様な体制をとっていた、とする意見があります。細かく見れば、そういう大名もいたかもしれませんが、局地的に現れたことを時代の大きな切れ目とすることはできません。こうしたことを考え合わせれば、織豊政権が中世と近世を分ける画期だとして問題はないように思います。

信長と朝廷の良好な関係

室町幕府という権威を滅ぼした信長は、その後は何を正当性の根拠としたのでしょうか。家臣に対しては、「武篇道《ぶへんどう》」という武士の行動規範を掲げることによって、統合をはかります。従来からのしがらみの少ない新興の戦国大名だけあって、織田氏の家臣団の合意を得ることはできましたが、全国に向けて信長を中心とする「武篇道」を強制することには無理があります。そうした不安定な信長政権を安定させる役割を果たしたのが朝廷でした。

京都に近い安土の地に壮大な城を築いた信長の存在によって、京都の治安は安定しました。信長は朝廷に対しても、保護の姿勢を示しています。こうした信長に対して朝廷は、一五七五（天正三）年十一月、従三位・権大納言の官位を与え、次いで右近衛大将に任じます。これは、室町将軍に匹敵する官位で、朝廷が信長を室町幕府の後継者として認めたことを示しています。

ところが、信長は正二位・右大臣の地位にまで昇りますが、右大臣・右近衛大将の両官をほどなくして辞任します。この評価をめぐって、研究者の意見が分かれます。

一つは、信長は、朝廷の官位の制限から自由になった、というような形で、信長と朝廷を対立的に見る立場です。これも有力な学説となっているのです。しかし、私はそれとは別の説を取っています。

それは、信長と朝廷の蜜月状態は続いていたとする説です。信長は、その後も朝廷を圧迫するようなことはしていませんし、朝廷の方では信長に将軍、関白、太政大臣などの官位を提供しようとしています。ただ、この申し出に対して、逆に信長の方が態度を保留しています。これがこの時期の信長―朝廷関係の特徴です。

信長は、各地の戦国大名を服属させる手段として、自分の呼びかけに応えなければ武力討伐するという基本方針をとっています。そしてこれに対して、関東の北条氏、奥州の伊達氏、九州の島津氏といった有力戦国大名が応ずる姿勢をとっています。一五八二（天正十）年の時点で、敵対する主な戦国大名は中国地方の毛利氏と四国の長宗我部氏、越後の上杉氏だけです。そうだとすれば、高位高官にのぼって朝廷の権威を借りて相手に服属を呼びかけるより、武力で屈服させた方が自らの支配権の強化につながります。

上杉氏はほとんど滅亡に瀕し、長宗我部氏もおそらく十分に攻めきれると思っていたでしょうから、あとは毛利氏さえ屈服させてしまえば、天下は信長のものとなります。私は、信長はその上で何らかの官職に就き、室町幕府のような統治機構を作ろうとしたのだと考えています。

ところが一五八二年六月二日、信長は家臣の明智光秀に襲撃され、京都の宿所・本能寺で命を落とします。こうして信長の支配体制は、未完のままで終わったのです。

朝廷が頼りにした秀吉

主君の敵光秀を討った羽柴秀吉も、信長の後継者争いに勝利するまでは、まったく官位にこだわっていません。まず、織田家宿老のトップにあった柴田勝家を賤ヶ岳の戦いで破って北荘城で自害させ、続いて反抗の姿勢を明らかにした信長の子信雄と信長の盟友だった徳川家康の連合軍を、小牧・長久手の戦いで圧迫します。

そして、信雄が秀吉の軍門に降ることがほぼ決まった段階で、ようやく従五位下・左近衛少将に叙任されます。この時、正親町天皇は、将軍に任じようとしたという噂も流れています。これは、奈良・興福寺の高僧であった多聞院英俊が日記に書き留めているものですが、私は、おそらくその通りだったのだろうと推測しています。信長の後継者争いに勝利することが確実になった秀吉は、朝廷にとっては庇護者となってもらうべき存在だったからです。

そして信雄との講和が正式に成立すると、秀吉は従三位・権大納言に叙任されます。これは、信長に与えられた官位と同じです。朝廷は、秀吉を信長の後継者と認め、武家政権を委ねる姿勢をはっきりと示したのです。

ただ、秀吉が信長と違うのは、ここからでした。一五八五（天正十三）年七月、秀吉は、関白職を巡って近衛信輔と二条昭実が争論をするという摂関家同士の内紛に介入し、自らが関白の地位を受け継ぐことを表明します。そして摂関家に加増などを提示することによってこれを了承させ、ついに従一位・関白になったのです。

これまでの武家政権の伝統では、征夷大将軍になることによって支配権を確立し、武家の主君として政権を運営してきました。ところが秀吉は、本来は公家の就く官職である関白になることによって武家政権を運営しようとしたのです。

関白政権の特色

関白であろうと将軍であろうと、武家政権の本質は変わりません。ただし関白は、将軍よりも天皇に近しい存在なので、秀吉は、戦いを繰り返す関東や九州の大名たちに対して「叡慮《えいりょ》」、つまり天皇の意向だとして停戦を命じています。いわゆる「惣無事令《そうぶじれい》」です。

秀吉は、関白となったことで停戦しない大名に討伐の軍を出すことの名分を確保し、大名も服属する理由ができました。しかし、当然のことながら、九州の島津氏を屈服させ、関東の北条氏を大軍で滅ぼしたのは、秀吉の卓越した軍事力によるものでした。決して叡慮の効果ではありません。

秀吉は、朝廷を丁重に遇しています。長く天皇の地位にあった正親町天皇も、ようやく譲位して上皇になり、天皇には孫の和仁《かずひと》親王が即位して後陽成天皇となりました。後陽成天皇は、践祚してすぐに即位礼も行われています。

朝廷にとって秀吉は、院—天皇という朝廷の伝統的な姿を回復してくれた恩人でした。逆に秀吉は、朝廷との密接な関係を築くことによって、低い出自というハンディを乗り越え、武家政権の主として君臨することができました。そう考えると、秀吉が将軍ではなく関白になったのは、武士内部で公認される家系という面が、自分には明白に欠如していることを自覚していたためで、朝廷の中で高位高官に上ることによって武士社会の中にあった序列を克服しようとしたのかもしれません。

秀吉の「唐入り」構想

豊臣政権の最大の謎は、「唐入り《からいり》」でしょう。教科書では「朝鮮侵略」とされることが一般的です。結果的に見れば朝鮮への侵略ですが、秀吉の目的は、「唐入り《からいり》」という言葉に示されているように、明に攻め込むことでした。

関白の座を甥の秀次に譲り、太閤《たいこう》（前関白を指す唐風の呼び名）になった秀吉は、朝鮮が一五九〇年に使節を送ってきたため、すでに服属したものと見なしていました。その誤解の裏には、交渉にあたった対馬の宗氏が朝鮮の国書を改竄《かいざん》したという事情がありま す。細かく説明すると複雑になってしまいますが、日朝間の貿易関係の維持を望む宗氏が、両国を刺激しないように工作していたのです。そのため秀吉は、軍勢を朝鮮半島に派遣すれば、朝鮮軍が日本軍を先導して明に攻め込むものと考えていたのですが、朝鮮軍は案に相違して抵抗してきました。

しかし、それでも日本軍は破竹の勢いで進撃し、首都の漢城（ソウル）を落とし、北部の中心都市である平壌まで進出します。朝鮮国王は、都を捨てて逃亡しました。こうした状況を見た秀吉は、自身も朝鮮に渡海しようとしますが、徳川家康や前田利家が諫《かん》言《げん》したため、しばらく延期することにします。

ところが、その間に明の援軍が到着して戦況が悪化し、結局、秀吉が渡海することはなくなりました。

秀吉が関白秀次に宛てた書状を見ると、天皇を明に移して秀次を「大明関白」とし、日本の帝位には若宮の良仁親王か皇弟の八条宮智仁親王を就け、秀次の弟である豊臣秀《ひで》保《やす》か宇喜多秀家を関白とし、自身は中国沿岸の港湾都市である寧波《ニンポー》に居を据えるという方針を示しています。

近世外交史の研究者である武田万里子さんは、この秀吉の書中にある「大明」と「大唐」の使い方の違いから、秀吉が天皇を据えようとした「大唐の都」は必ずしも北京を指すのではなく、「天竺」もインドではなく海南島よりも南の東南アジアを指すのではないか、という重要な指摘をしています（「豊臣秀吉のアジア地理認識――「大唐都」はどこか」『海事史研究』六七号）。

つまり、秀吉の目的は明の征服ではなく、明を屈服させて大明四百余州のうちの百カ国を割譲させようとしたものだった、とするのです。そしてその百カ国とは、秀吉が居を据えるつもりだった寧波を中心とする中国沿岸部とそれに付属する地域だと推測しています。

この説に従えば、秀吉は、海禁政策をとる明に軍事的圧力をかけ、中国沿岸から東南アジアにかけて展開していた東アジア海域の中継貿易の主導権を握ろうとしたのだと考えることができます。こう考えれば、「唐入り」もあながち誇大妄想によるものだけとは言えなくなります。

歴史を見る上で重要なことは、現代からの目で見ると無謀と思われることや、あまりに空想的と思われることも、当時にあっては真面目に考えられていた、という視点を忘れてはならないことです。現代的視点で過去を断罪するのではなく、当時の人々の視線から歴史的事象を理解しようとする姿勢が重要なのです。その意味で、武田さんの研究は、たいへん示唆に富むものです。

秀吉の「唐入り」は、明の援軍と朝鮮の義兵の抵抗運動のために苦境へ陥ります。しかし、二〇万もの兵力を動員してまったく成果がないのでは、秀吉自身の威信にかかわります。そのため、有利な形での明との講和を実現しようとしますが、それも成功しませんでした。その理由は、いろいろと推測されていますが、おそらく朝鮮国王が名目的にでも服属するという成果があげられなかったからだと思われます。

一五九七（慶長二）年、秀吉は再び朝鮮に軍勢を派遣しますが、苦戦が続く中、秀吉が病死し、全軍に撤退命令が出されます。この戦いの中で醸し出された秀吉の部将間の対立がもとになり、一六〇〇（慶長五）年、ほとんど全ての大名が東軍と西軍に分かれて関ヶ原の合戦が行われ、徳川家康の覇権が確立します。

4　江戸幕府と徳川の平和

家康の覇権

関ヶ原の合戦は、豊臣対徳川の戦いではなく、豊臣政権内部の戦いでした。福島正則や加藤清正といった秀吉子飼いの大名が家康の東軍に加わっていることがそれをよく示していますし、家康も石田三成ら西軍を秀吉の跡継ぎである秀頼への反逆だとしています。家康は、豊臣政権の代表者として振る舞うことによって覇権を握ったのです。

つまり、一六〇〇年の時点では、家康個人は関東に領地を持つ一大名にすぎません。

ところが、一六〇三年に江戸幕府が成立すると、家康は全国の金銀山や大名領内に設定されていた秀吉の直轄地を、豊臣家の財産ではなく武家政権の財産だと見なして江戸幕府に接収していきます。このため、秀頼は、摂津・河内・和泉に六五万石の領地を持つだけの一大名となってしまうのです。

これは、将軍となった家康の強みでしたが、まだ将軍職が徳川家の世襲であると決まったわけではありません。そのため家康は、二年後には子の秀忠に将軍の地位を譲り、徳川家の世襲を固めていきます。しかし、たとえ将軍職が徳川家の世襲になったとしても、秀頼が関白に任じられて武家政権の主君になることも、まったくあり得ないわけではありません。

秀吉が、軍事的実力によって全国の大名を主従関係においていた、という事実はいまだ大きな意味を持っていたと考えられます。秀忠が将軍であるからこそ従っている大名は、秀頼が関白となれば、そちらに従うようになる可能性も十分考えられます。

だからこそ家康は、秀吉が創建し、慶長大地震により倒壊したままだったので、秀頼が再興しようとしていた方広寺大仏殿について、梵鐘の銘文に自分を呪う文章があるとして、強引に問題を引き起こすという無理な手段を使ってまで大坂の陣を起こし、秀頼を抹殺しなければならなかったわけです。このあたりの政治動向には、大義も何もありません。

しかし、このような強権的手段を使ったことによって、全国の大名は、幕府に一元的に服属することになりました。もっとも、大名の政治組織である藩は、ほぼ排他的に領地と人民を支配し、法も独自のものを持っていましたので、日本の近世国家の本質は、幕府と藩の連合国家だと見ることができます。幕府と藩という領主権力の結合によって、農工商の人民を統治するあり方を「幕藩体制」と言い、その体制に基づく国家を「幕藩制国家」と呼びます。

以後、二六〇年余りにわたって、国内では戦乱のない時代が続きます。「パクス・ロマーナ」を真似て「パクス・トクガワーナ（徳川の平和）」と言われることもあります。江戸時代は、それまでの日本史を振り返ると、平安時代に続く第二の平和な時代だったのです。古代国家の完成形態が平安時代の「王朝国家」だとするならば、武家の政権の完成形態は江戸時代の「幕藩制国家」だと言うことができるでしょう。

江戸幕府の政治機構

鎌倉幕府や室町幕府に比べれば、江戸幕府の政治機構は巨大で、はるかに複雑になります。また、系図上はともかく、将軍が天皇家の血筋とは分離しました。これは、戦国時代の動乱と、すでに血筋によらない織豊政権が成立していたことが大きな意味を持ちました。

大名は、一万石以上の領地を持つ武士を言い、徳川家の一門である親藩、以前から徳川家に臣従していた譜代大名、そして関ヶ原の戦い以後に徳川家に従った外様大名の三種に分けられました。

旗本は、一万石未満の領地を持つ将軍の直臣で、将軍に拝謁できる御目見《おめみえ》以上という格式の者を言います。御目見ができない者は御家人と言いました。石高で言えば、おおむね百石がその境目になって、身分上も大きな壁にはなっていますが、御家人でも昇進して旗本になる者がいます。

江戸幕府の支配機構の中心は、よく知られているように、老中制です。老中は、譜代大名から数名が任じられるものですが、この老中制が鎌倉幕府の執権や室町幕府の管領と大きく違うのは、特定の家の者が世襲で務めるのではなく、多くの譜代大名から選抜されるようになることです。

そして、老中(三〜六名)の指導の下に、数多くの武士が様々な役職を務めています。まず、老中やその補佐役である若年寄のすぐ下には、三奉行(寺社奉行・町奉行・勘定奉行)が置かれました。寺社奉行は譜代大名の役で、寺社行政や寺社関係の裁判を行います。町・勘定の両奉行は旗本から選抜され、町奉行は将軍の城下町江戸の行政と裁判、勘定奉行は幕府財政と幕府領からの徴税、幕府領内の裁判を担当します。また、それぞれに支配をこえる案件については、三奉行が評定所と呼ばれる機関で合議します。

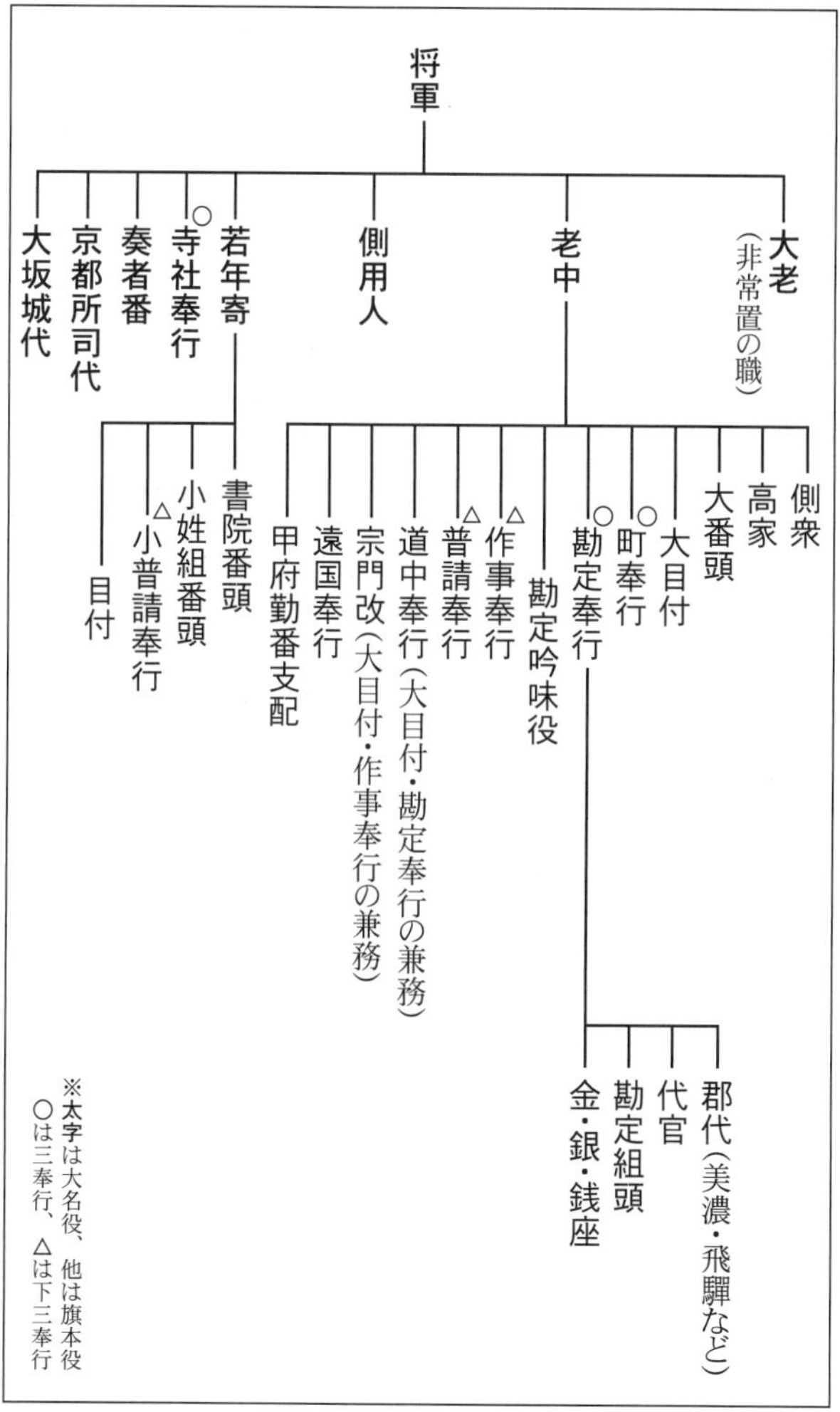
将軍
大老（非常置の職）
老中
側用人
若年寄
○寺社奉行
奏者番
京都所司代
大坂城代
側衆
高家
大番頭
大目付
○町奉行
○勘定奉行
勘定吟味役
△作事奉行
△普請奉行
道中奉行（大目付・勘定奉行の兼務）
宗門改（大目付・作事奉行の兼務）
遠国奉行
甲府勤番支配
書院番頭
小姓組番頭
△小普請奉行
目付
郡代（美濃・飛驒など）
代官
勘定組頭
金・銀・銭座
※太字は大名役、他は旗本役
○は三奉行、△は下三奉行

この他にも、中央では下三《しも》奉行（作事・普請・小普請）、地方では遠国奉行（長崎・京都町・大坂町・奈良・堺・山田・駿府町・佐渡などの奉行）などを始め、幕府には職務内容が定められた役職が、その最末端まで数多くありました。

とくに老中や三奉行といった重要な役目については、譜代大名や旗本が選抜されながら一定の昇進ルートを経て、その地位にたどり着くというあり方が、江戸幕府の特徴です。家格も重要ではありましたが、能力も重視されており、これらの者は幕府官僚と言ってもいい存在です。これが、近代以降の官僚制度の基礎となったと考えても間違いではありません。

つまり、同じ武家政権ですが、室町幕府以前と江戸幕府では、政治機構のあり方がまったく違っているのです。それをもたらしたのは、領地が個々の武士の家の独自財産として強固に存在していた中世社会から、上から給付されたものと見る近世社会への大きな変化でした。そしてこの明確な発端は、やはり天下統一を成し遂げ、諸大名の領地を自由に動かすようになった豊臣政権の時でしょう。そして江戸幕府の成立後、さらに改易と転封が繰り返され、それが誰もが認める観念になっていくのです。

それを端的に表すのが、岡山藩主池田光政の言葉です。光政は、次のように言います。

「私が国の政治を顧みず、国の民が飢え凍え、荒廃するようなことがあれば、上様から御改易に命じられなければ済まないことである」(『池田光政日記』)

領地は大名の財産ではなく、国(領地)の民を養うために大名がいるのだ、ということです。この観念は、江戸時代中期の名君、米沢藩の上杉鷹山に至って、「国家人民が立てた君主であって、君主のために立てた国家人民ではない」という人民主義的な認識にまで発展していくのです。

上層武士と官位制度

幕府の役職は、幕府が制定したものです。大名や旗本の身分格式も、それぞれの出自・由緒や当時の領地や知行高、幕府との関係などで決まっています。しかし、身分格式の上下は、それぞれの指標で異なりますから、江戸城での儀式などの際には一律に決める序列が必要でした。その役割を果たしたのが、律令制の官位制度でした。

大名の序列は、大納言に任じられる尾張・紀伊の二家に始まり、中納言、参議、中将、少将、侍従《じじゅう》、四品《しほん》、諸大夫《しょだいぶ》の八段階に分けられ、それに位階が加わってさらに細かく上下が付けられます(次頁の図参照)。同じ官位だと先任順となります。

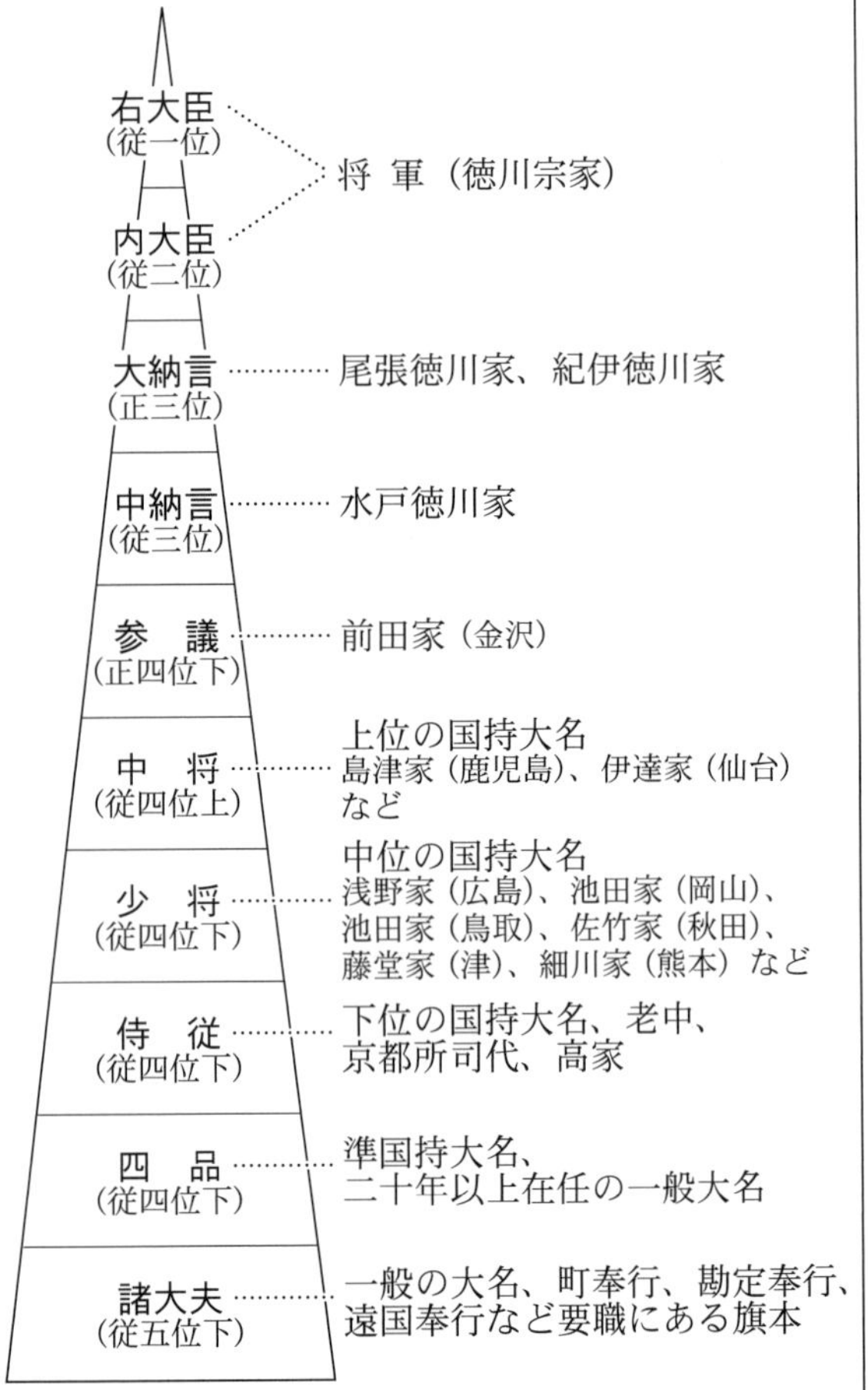

※「四品」「諸大夫」は特定の官職名ではなく、武家においては位階が四位でも「少将」「侍従」などの官職の無い者を四品と呼び、五位の者は諸大夫と呼んだ。

そして、徳川家の支配の正当性も、朝廷の官職によって成り立っています。もともと豊臣家に臣従していた徳川家康は、征夷大将軍に任じられることで、豊臣家の政権を自らの政権に移行させることができました。関ヶ原の合戦の勝利は、政権樹立のための必要条件でしたが、十分条件ではありませんでした。

徳川将軍は、征夷大将軍の官職だけでなく、内大臣、あるいは右大臣にも任命されて兼務していました。これは、家格としては摂関家相当の家になるので、将軍の正室である御台所には、摂関家か宮家（世襲親王家）の女性が迎えられました。このため、大奥では女中の呼び方まで、宮家に倣ったものが使われています。

「委任論」という両刃の剣

江戸時代になると、朝廷は京都の一部に残る伝統的な王朝としての意味しか持ちませんでした。中国の清朝が、軍閥の割拠で崩壊し、その最末期には皇帝とごく少数の近臣のみで北京の紫禁城の中でだけ存続していたのと同じです。ご覧になった方も多いと思いますが、映画『ラストエンペラー』のあの世界です。

日本でも、全国政治を行っていたのは江戸幕府で、外交も幕府が行っています。朝廷に残されたのは年号の制定と官位の叙任書類を発給することだけで、それも実質的な決定権は幕府が握っていました。

しかし、律令制の官位が使われたため、名目だけのこととはいえ、将軍も大名も朝廷の家臣だという理屈も生まれてきました。池田光政が言うように、大名が領地の支配を委任されている地方官だとすれば、将軍も国の政治を委任された大名の中の一人に過ぎないということもできます。

十八世紀末、寛政の改革を行った老中松平定信は、動揺する幕府政治を正当化するため、この「委任論」を理論付けました。これは、朝廷の権威を認めた消極的なものではなく、朝廷が幕府に政治を委任している以上、幕府はフリーハンドで政治を行うことができる、という積極的なものです。これは幕府に都合のよい論理だったのですが、委任されているということは、委任する朝廷の方が上位にあるということになります。これが幕府にとっては、じつは両刃の剣でした。

ペリー来航と幕府の倒壊

江戸幕府はずっと安定した政権でしたが、一八五三（嘉永六）年、アメリカ東アジア艦隊司令長官のペリーが、わずか四隻の艦隊で日本に来てから、大きく動揺することになります。キーワードは「尊王攘夷」です。

幕府は、欧米諸国との戦争を回避することが、国を守る方策だと考えました。しかし、幕府が鎖国政策をとっていたため、開国は武家の政権として「武威」を標榜してきた幕府にとっては、その支配の根幹をゆるがす弱腰の政策だと理解されました。

そこで幕府は、内部の反対論を押さえて日米修好通商条約を結ぶため、天皇の許可、つまり勅許を得ようとします。朝廷が反対するなど考えてもいないので、天皇の権威だけを借りるつもりだったのです。ところが、外国を嫌う孝明天皇が幕府の提案を差し戻したことによって、苦境に陥ります。外国を打ち払う攘夷と、天皇を尊ぶ尊王思想が結びつき、尊王攘夷運動が激化することになったのです。

時の大老井伊直弼は、勅許なしで条約を結び、反対する勢力を弾圧しました。アロー戦争で清が英仏連合軍に敗れたことを知って焦ったためですが、これが幕府にとっては致命的な失策となります。

客観的に見れば、開国して欧米諸国と貿易したところで、それほど問題はなかったと考えられますし、あくまで開国を拒否して戦争になるのも得策ではありません。その意味では、幕府の方針は現代の我々にもよく理解できるものです。

しかし、当時の通念では、外国の圧力に負けて開国するという姿勢自体が武家政権にとってふさわしいものではない、と捉えられた上に、幕府自体が一度は勅許を得ようとしながら、その手続きを自ら破っているのです。幕府への不信は、大老を暗殺するという桜田門外の変という形であらわれ、幕府はこれ以後、朝廷の意向を無視できないようになりました。

一方、尊王攘夷派の志士たちは、同様の考えを持つ公家たちと結び、朝廷の意思を手中にすることによって、幕府に攘夷を強制するようになります。中でも長州藩は、激烈でした。下関を航行する外国船を砲撃し、一八六三（文久三）年八月のクーデターで京都から追放されても、再び主導権を握るために禁門の変を起こします。

本来なら、幕府に完全に征圧されるところだったのですが、第二次長州戦争で薩摩藩が長州藩協力の立場に立ったため、幕府は長州藩を征圧することができませんでした。

政治的に劣勢に立たされた十五代将軍慶喜は、土佐藩の建言を入れ、将軍職を辞します。これが「大政奉還」です。先の委任論の立場から言えば、主権は朝廷にあるので、奉還、つまり返すという行為の正当性も十分に成立することになるわけです。また、これにより徳川家は、平和裡に政権から下野することができたとも言えるのです。

しかし、返還されたからと言って、朝廷には政治を担う能力はありません。そのままでは、大大名としての慶喜が、再び政治の表舞台に復活する可能性が高かったと言えます。それを恐れた薩摩藩の西郷隆盛と大久保利通が、慶喜復権を阻止するため、公家の岩倉具視とともにとった方策が「辞官納地」です。慶喜に、官位を辞して領地を朝廷に返還せよと命じたのです。果たしてこれに反発した旧幕府軍は、京都での勢力を回復するため挙兵しますが、鳥羽・伏見の戦いで敗北を喫します。

薩（薩摩藩）・長（長州藩）・土（土佐藩）・肥（肥前佐賀藩）が主力となった新政府軍は、江戸城を無血開城させ、かつて藩主松平容保が京都守護職として京都の治安維持にあたっていた会津藩を攻めて降伏させ、箱館の五稜郭に籠もった榎本武揚の旧幕府脱走兵の一団も降伏させます。こうして明治新政府が名実ともに成立したのです。

こうして見ると、黒船来航時に幕府が取ったアメリカとの戦争回避という方針がいかに理性的な選択であったとしても、攘夷こそがあるべき姿だとする一般の武士たちのメンタリティーの前では、かならずしも政権を守るための正しい方針ではなかったということができるでしょう。

歴史においては、時として理性的な判断よりも、それぞれの時代を支配する狂気のような激情が勝利します。いかにその判断が論理的に正しく見えても、時代の波に逆行したものであれば、その波に呑まれてしまうのです。

5　明治維新と日本の近代

廃藩置県と身分制度の撤廃

倒幕は実現しましたが、討幕軍の中心となった薩長土肥の四藩をはじめ、幕府が倒れても藩の存在は残っています。徳川宗家さえ、静岡藩として存続しているのです。

これが、新政府の足かせになると考えた新政府の中心人物、大久保利通《おおくぼとしみち》と木戸孝允《きどたかよし》は、一八六九（明治二）年一月、薩長土肥の四藩主に、領地と人民を朝廷に返還させる版籍奉還を出願させ、多くの藩主もこれに同調しました。こうして、藩の領地は名目的に新政府のものになりました。

しかし、各大名は、そのまま旧領地の知藩事に任命されたので、改革は不十分でした。そこで一八七一（明治四）年七月、明治政府は廃藩置県を断行しました。これによって、すべての藩は廃止されて府や県になり、中央政府が派遣する府知事や県令が地方行政にあたることになりました。

これらの変革は、倒幕以上の大きな変化でしたが、なんら軍事的な動乱なしに実現したことが特徴です。これは、江戸時代の幕藩体制が、幕府と藩の連合政権だったことによるものでしょう。幕府が倒れると、多くの藩では自立して領内支配を維持することが困難になっていたという事情があったのです。

旧藩主は東京居住が命じられ、藩主と藩士の間の主従関係は解消されました。士農工商と言われた身分制度もなくなり、建前上は四民平等の社会となりました。しばらくは、それまで同様、二本の刀を差して歩いている武士が多かったのですが、それも一八七六（明治九）年三月、廃刀令が出され、外見上の旧武士の特権も最終的に廃止されたのです。

もっとも、公家や藩主は華族、旧幕臣や藩士は士族とされ、農工商の平民とは区別されていました。それでも、平民は苗字を名のることが許され、職業選択や移動の自由も認められましたから、実質はともかく、身分制による制約がほとんどない平等な社会が形成されはじめたと言っていいでしょう。

これが、日本の近代の成立です。経済史的に言えば、資本主義社会の成立が近代の画期になりますが、そのためには江戸時代の身分制の撤廃が必要であり、資本主義社会の前提を作ったという意味でも、こうした改革は重要でした。

土地制度と士族の反乱

地租改正は、土地の所有者を確定するもので、土地所有者には地券が発行されました。これに基づいて租税が徴収されることになりましたが、それは江戸時代の年貢とほぼ同額とする方針で行われましたから、負担の軽減を求めて農民が地租改正一揆を起こすなど、反発や混乱がなかったわけではありません。しかし、それでも、国家から、それまで耕作していた農民に土地に対する権利が保証されたことは、大きな変化でした。

武士身分がなくなったことによって、国民には徴兵令が出されました。これは国民に新たに加えられた大きな負担です。明治国家は、これによって強大な軍事力を作る基礎を築くことができたのです。

日本の資本主義化も、政府の主導によって行われました。一八七〇（明治三）年に設置された工部省が中心となり、鉄道の敷設や鉱山の経営、炭鉱、造船などを官営事業として展開していきました。郵便制度や電信なども整備されます。

これが、攘夷を叫んでいた下級武士たちによって実現されたことは驚きですが、もともと攘夷というのは、外国に侮られないためのものでしたから、産業を興して富国強兵を図るということは、彼らの中では矛盾とならなかったのです。

しかし、こうした近代化の動きに取り残された武士たちは、不満をつのらせ、佐賀の乱、神風連の乱、秋月の乱、萩の乱などの士族反乱が相次いで起こりました。それらはすべて徴兵制によって作られた軍隊によって鎮圧され、一八七七（明治十）年に倒幕の最大の功労者西郷隆盛によって起こされた西南戦争も、政府の軍隊によって鎮圧されました。

西南戦争が西郷の敗北に終わったことによって、士族の反乱は収まりました。江戸時代、武士に許されていた武装という特権は、観念の上でも最終的にすべて国家に吸収されたということができるでしょう。

戦争が相次いだ近代日本

これ以後、政府への反抗は、自由民権運動という形で行われることになります。西郷と同じく倒幕に功績のあった旧土佐藩士の板垣退助は、民撰議院設立の建白書を出して、自由民権運動の指導者となります。

これに対して明治政府は、一八八一（明治十四）年、国会開設の公約をし、一八八九

（明治二十二）年二月、大日本帝国憲法を発布し、帝国議会が開設されることになりました。その過程では、政府内での抗争や自由民権運動への弾圧がありましたが、憲法に基づいて議会が開設されるというのは、国民にとっては大きな権利の拡大だったでしょう。

しかし、そうした体制のもとで、一八九四（明治二十七）年には日清戦争を戦い、一九〇四（明治三十七）年には日露戦争を戦うことになります。武士が政権を握っていた江戸時代には、まったく無かった外国との戦争が、国民国家になった明治政府のもとで恒常的に行われるようになったのです。

これは、欧米列強に侮られない国家を作るということは、帝国主義時代に入った当時にあっては、とりも直さず戦争を行って朝鮮や中国に権益を拡大することだったことによるのでしょう。そして近代日本の戦争は、徴兵制によって徴発される人的資源と、外債によって調達される兵器などによって遂行されました。近代国家となった日本は、国際関係の中でその国家の能力を超える事業を進めていったのです。

日清戦争が朝鮮における日本の権益を獲得するための戦争であり、日露戦争も同様で、戦場になったのが中国領である遼東半島の旅順ですから、祖国防衛戦争と言われることもありますが、その解釈には無理があります。

こうして見ると、日本の近代を日露戦争までとそれ以後に分けることはできないように思います。そして、こうした道を選んだ日本の近代国家は、一直線ではないにしても、結局は国家体制を崩壊させるまで、戦い続けることになったのです。

これ以降の近現代史は、本書では割愛しますが、時代の流れをどう見るか、歴史をどのようにつかむかの感覚が、ここまでの記述でいささかでも実感できていれば幸いです。

終　章　歴史はどう考えられてきたか

歴史が科学であるということは、すでに紹介してきたところですが、人の営みを研究対象とするだけに、経済学や社会学などを始め、他の様々な学問の影響も受けており、また歴史をどうとらえるかという根本の考え方にも様々な変遷があります。深入りするとかなり難しい話になってしまいますが、どんなことが問題となってきたかを知ることは、これも歴史をつかんでいくためには重要です。

また、これまで見てきたことを活かして、第一章で触れてきた歴史学と歴史小説との関係や、そもそも歴史を学ぶ意味はどこにあるのか、といったことまでをあらためて考えてみたいと思います。

1　世界史と日本史の理論

歴史理論の変遷

ある特定の立場や視点からの歴史の見方を「史観」と言います。これまでにも触れてきた「マルクス主義史観」や「皇国史観」などがそれです。

マルクス主義史観は、すでに見たように、歴史には基本法則があり、その法則に基づいて発展していく、という見方です。その法則とは、生産様式という下部構造が発展していくと、上部構造である政治体制とのズレが生じ、政治変革が行われる、というものです。これは、大きな歴史のつかみ方としてはすぐれたものです。そのため、日本の歴史学界でも、戦前の皇国史観への反動もあって、戦後の一時期まではマルクス主義史観が一世を風靡《ふうび》しました。

しかし、マルクスが、原始社会―古代社会―封建制社会―資本主義社会―社会主義社会―共産主義社会というように発展段階を規定したことから、すべての地域の歴史をこのうちのどこかに組み込んで説明しようという弊害が起こりました。

また従来は、伝統的に一つの国の発展段階を中心に考える見方が主流だったのですが、一九六〇年代にドイツ出身の経済学者アンドレ・グンダー・フランクらが提唱した「従属理論」は歴史の見方を変えていきます。

この理論は、アフリカなどが低開発地域のままであるのは、彼ら自身に原因があるのではなく、彼らを支配する先進国に原因があり、第三世界の資本主義化も先進国の経済発展に従属する形において行われる、というものです。つまり、国や地域の歴史を個別の独立したものと見るのではなく、先進国の経済発展と第三世界の低開発を互いに関係するものとしてとらえるのです。発展段階において遅れて見える地域は、歴史的に低い段階にあるのではなく、先進国との関係でそうなったのだ、ととらえたのです。

そして、この従属理論をさらに発展させたのが「世界システム論」です。

アメリカの社会学者イマニュエル・ウォーラーステインが提唱したもので、一つの国・民族の枠組みを超えた広域的な分業体制を「世界システム」と呼ぶのです。大航海時代を経て地球全体が一つのシステムに統合されたととらえ、またそれ以前にも地中海世界、イスラム世界といった形で複数の世界システムがあったとします。一つの世界システムは、中心、半周辺、周辺で構成され、それぞれが異なる役割と生産形態を持ったと考えます。

ウォーラーステインの理論には批判も多くありますが、世界を一体としてとらえようという巨視的な見方は広く受け入れられています。

たとえば、現在の学習指導要領では、各時代とも「国際環境と関連付けて考察させる」ことが目標とされています。古代史では、律令制国家の形成に果たした隋・唐の役割、中世史では平氏政権の日宋貿易や鎌倉幕府における元寇（蒙古襲来）の影響、室町幕府の日明貿易がもたらした経済の変化、戦国時代におけるヨーロッパ世界との接触によって起こった政治や社会の対応、近世では「鎖国」体制のもとで展開していた対外関係などがその内容です。近代の日本史は、もともと国際環境抜きでは語れませんが、各時代を通して国際環境を重視するのは、学習指導要領が世界システム論の影響を受けているからでしょう。

アナール学派の歴史学

もう一つ、歴史学の潮流として欠かせないのが「アナール学派」です。一九二九年に、フランスでマルク・ブロックとリュシアン・フェーブルという二人の歴史家が、『アナール』という雑誌の刊行を始めました。「アナール」というのは「年報」という意味ですが、この雑誌を中心に展開された歴史学の革新運動は、全世界に広がり、前出のウォーラーステインも大きな影響を受けています。

その歴史学の新しさは、それまでの政治史を中心とした実証主義的な研究に対して、「社会史」を対置したことです。そしてその社会史では、民衆の日常や死生観などの心性の研究を行ったり、エリート文化ではなく民衆文化を研究対象にするなど、新しい研究動向が生まれました。食生活を問題として、下層階級が恒常的な栄養不足の状態にあったこと、教会史料から民衆の結婚年齢を丹念に掘り起こし、王侯貴族層と違って意外に晩婚であったことなどを明らかにするというような研究が、その優れた一例です。

こうした研究の中で、それまであまり重視されなかった気候や風土といったものの研究が歴史学の重要な課題になってきました。栄養不足で満足な衣料も住居もない民衆にとっては、冬の寒さは大問題です。長期的な気候変動についてのデータが整備されていくと、十六世紀半ばから十九世紀半ばまでのヨーロッパが低温期だったことがわかってきて、フランス革命の一因に、長期的な低温期がもたらした食料生産の不調が影響しているのではないか、といった指摘もなされました。

アナール学派を代表する研究は、フェルナン・ブローデルの『地中海』です。日本語訳は、一九九一年から九五年にかけて藤原書店から全五巻で刊行されました。

この長大な本では、まず第一部で、環境の役割として地中海の自然が描かれ、第二部では社会・経済の中期的な変動を論じ、第三部で歴史的な出来事が描かれます。つまり、歴史を、長期的に持続する環境、ゆるやかに動く経済や社会、激しく変化する歴史の表層、という三層構造で描いたわけです。こうした方法が、アナール学派のもう一つの特徴である「全体史」です。

アナール学派の歴史学は、一九八〇年前後から日本でも活発に紹介されるようになりました。たとえば、二宮宏之さんの『全体を見る眼と歴史家たち』（木鐸社、一九八六）や『歴史学再考』（日本エディタースクール出版部、一九九四）、福井憲彦さんの『「新しい歴史学」とは何か』（日本エディタースクール出版部、一九八七）などはその代表的な作品です。

日本史の研究も、こうした動向に大きな影響を受け、「社会史」研究が隆盛になりました。

「網野史学」の誕生

学問は、本来、地味なもので、歴史学においても、その研究成果が一般の人にまで広く読まれることはあまりありません。論文を読む一般読者など皆無に近いでしょうし、一般向けに書いた本でも残念ながらそれほど読まれるわけではありません。

そういう中にあって、網野善彦さんの本は例外的に一般の方々にもよく読まれ、マスコミでも「網野史学」として有名になりました。歴史学者の中のほとんど唯一のいわばスターだったと言えるでしょう。皆さんも「網野史学」という言葉を耳にしたことがあると思います。

歴史学者の研究成果がその名を冠して○○史学と呼ばれるのは、その人が独自の方法論を持ち、斬新な歴史像を提示しているからでしょう。それでは、網野史学とはどのようなものでしょうか。

特によく知られているのは、非農業民の研究です。網野さんが指摘するまで、古来より日本は暗黙のうちに農業社会であったと考えられていました。それに対して網野さんは、山民、海民、遍歴する人々、芸能民など、農業社会以外の世界が広がっていたと主張したのです。

網野さんは、東寺領荘園の研究から学究生活をスタートしています。東寺とは京都駅の南側にいまでも五重塔がそびえているあの名刹《めいさつ》ですが、中世期においては有力な荘園領主です。網野さんの東寺領荘園の研究は、たいへん実証的なもので、膨大に残る東寺の史料を分析し、その荘園の獲得過程や管理のあり方、寺内の組織構成などをあきらかにしています。また、各地の東寺領荘園で見いだされる水田以外の畠作や養蚕、塩業、また手工業などにたずさわる「職人」の存在にも目を向けています。

この研究は、『中世東寺と東寺領荘園』（東京大学出版会、一九七八）にまとめられますが、東寺に遺されていた関係文書を丹念に読み解くことで、荘園に住む人々の多彩な営みを知り、後の非農業民の研究へと発展させていったのです。

その方法論は、きわめて実証的で常識的なものです。こうして真摯に史料と向き合うことで、網野さんは新しい歴史の見方をつかむことができたのでしょう。網野さんの独自の歴史観が一般に提示されたのは、一九七四年に小学館の『日本の歴史』シリーズの一冊として書かれた『蒙古襲来』が最初です。

対象とする時代は、執権政治の開始から鎌倉幕府の滅亡までですが、その歴史観の特徴は、この時期を日本社会の大きな変動期の始まりだととらえたことにあります。

網野さんは、十三世紀半ばまでの日本社会は、まだ農民の土地保有すら安定せず、生産性も低い未熟な農業の段階で、各地を遍歴・漂泊することなしには生活を保持しえない非農業民も多かった時代だととらえます。

こうした社会から、しだいに非農業民が定着していき、従属農民だった下人・所従も土地への権利を強めて徐々に独立し、地縁的な「村落」が生まれてくる、と大きな時代の変化を見据えたのが網野さんの議論でした。

中世社会史ブーム

網野さんは、日本の社会がきわめて早熟に文明の世界に入り込んでいったために、逆にこの時代には王朝文化と並行して「未開の野生」がいきいきとした生命力をもって列島の各地で躍動しつづけていた、としています。

こうした歴史の把握の仕方は、一九七八年刊行の『無縁・公界・楽』(平凡社)でさらに明確に提示されます。世俗的な縁から切り離された寺社などの「無縁所」、自治都市など「公界(苦界)」と呼ばれる場所、楽市の元になる「楽」という言葉などの分析から、これらがすべて共通の原理を持つ言葉であり、それは原始に淵源を持つものだ、と主張しました。

おそらく網野さんの議論で一番魅力的だったのは、こうした考え方だったと思います。人々がまだ定住を完結しておらず、後の江戸時代のように人がさまざまな制度や集団にがんじがらめにされていない社会、そうしたユートピアを描いた網野さんの歴史像に、いつも何かに束縛されて生きていると感じる現代の人々が共感したのではないでしょうか。

ちなみにスタジオジブリの映画『もののけ姫』は、原始の森の世界とそれを侵食していくたたら製鉄など人間の営みとの対抗関係を描いたものですが、これは監督の宮崎駿さんが、網野さんの研究成果をずいぶん参考にしたようです。

網野さんは、世界史的視野の中で、日本中世における自由と平和の存在を明らかにしようとしていたため、この著書は西洋史の研究者にも大きな刺激を与えました。『ハーメルンの笛吹き男』（平凡社、一九七四）などの著書で西洋中世の民衆が置かれていたマージナルな世界、つまりさまざまな人や物が行き交う「境界」の世界を描いていた阿部謹也さんも、網野さんの著作を絶賛する書評を書きました。その後、二人は、『中世の再発見』（平凡社、一九八二）などを通して学問的な交流を深めています。

つまり、日本における「中世史ブーム」「社会史ブーム」は、網野さんや阿部さんといった碩学《せきがく》によるもので、私も彼らの本を読んで、「中世社会にはこれまで持っていた常識とはかけ離れた世界がある」という知的興奮を受けました。

日本中世史の研究者の中には、網野さんの研究に対して賛否両論があり、近世史の研究者だった私も、ときにはそんな議論に加わることもありましたが、それだけ網野さんの研究の影響力が大きかったということでしょう。日本史の世界では、しばらく中世史ブームが続き、網野さんとともに石井進さん、笠松宏至さん、勝俣鎮夫さんらが新しい中世史像を提示していきました。

その後、網野さんは、『日本の歴史をよみなおす』（筑摩書房、一九九一）などにおいて、差別や天皇の問題、非農業民の存在や海から見た日本列島など、自らの歴史認識を一般書でも提示していきます。特に『日本社会の歴史（全三冊）』（岩波新書、一九九七）は、井上清さんの『日本の歴史（全三冊）』（岩波新書、一九六三）以来、ほとんど出されてこなかった単独で日本史全体を叙述しようとした本です。

こうした精力的な営みによって網野さんの歴史の見方は「網野史学」と呼ばれるようになったのです。

2 「司馬史観」と「自由主義史観」

「司馬史観」とは何か

網野史学は、中世史中心の歴史学の中での動きでしたが、近代史では、歴史研究者ではなく、司馬遼太郎さんの歴史観が「司馬史観」と称揚されています。

「司馬史観」という言葉が頻繁に使われるようになったのは、司馬さんの晩年（死去は一九九六年）のことです。それ以前から広く使われてはいたようですが、新聞紙上などにまでこの言葉がたびたび登場するようになるのは、亡くなる三年前に文化勲章を受けてからのようです。

文化勲章受章のさらに三年前には、『文藝春秋』誌に連載していた巻頭随筆をまとめた『この国のかたち』が刊行され始めています。題名そのものは、編集部が付けたもので、司馬さんが日本論を述べようとして書いたものではないそうですが、比較的はっきりと歴史の見方や国家観が示されている文章があり、題名にも合っています。しかし、「司馬史観」という言い方は、もともとは特定の立場を指すものではなく、数多くの著書に提示されてきた司馬さんの歴史に対する造詣の深さや着眼点の鋭さを素直に称えたものだったのでしょう。

司馬さんは、晩年、バブルの頃に土地の売買に狂奔した「浅ましい」日本人を嘆く現代文明批判を行っています。それに対して明治の日本人は筋が通っていた、というのが司馬さんの認識であったと思われますし、こうした現代文明批判は司馬さんの魅力でもあります。

しかし、日本近代史において日露戦争を「祖国防衛戦争」だととらえる見方は、賛否両論があります。「まことに小さな国」である日本が独立を守るために、明治の男たちが命を懸けて日露戦争を戦ったというストーリーは、小説ではわくわくするような効果をもたらしますが、現在の歴史学ではそのような単純な見方はとっていません。

文科省が作成した学習指導要領の「解説」でも、「両戦争後我が国が韓国併合や満州（現在の中国東北地方）への勢力の拡張などを通じて植民地支配を進めたことを、国内政治の動向や英露の対立などの国際環境と関連させながら考察させる」と書いています。これが歴史学界の通説的な見方です。

司馬さんは、日本の戦国時代から近代、さらには中国史やモンゴル史などまで、幅広い時代、地域を舞台にした小説を書いています。とりあげる分野の歴史家の研究成果などから数多くの史実を学び、それを咀嚼しながら新しい観点から人物像や時代像を造形したはずです。これは、やはり歴史学とは別の、文学的な営み、作品と見るべきだと思います。

ところが、歴史教育の中から「自由主義史観」というものが提唱されるようになり、その中ですでにご本人は亡くなっているのに、「司馬史観」がクローズアップされてきます。藤岡信勝さんと自由主義史観研究会の『教科書が教えない歴史』（産経新聞ニュースサービス、一九九六）の「はじめに」には、次のように書かれています。

これからの歴史教育では、このように自国をことごとく悪とみるような外国の国家利益に起源を持つ歴史観から一切自由になって、日本人の立場で、自国の歴史を考えることが必要なのです。

「自国をことごとく悪とみるような」歴史観は、いわば「自虐史観」であり、それから自由になろう、というのがこの研究会の立場でした。そして、自分たちの考え方と同様の立場にあるとして、次のように司馬遼太郎さんを持ち出しています。

私たちの考えでは亡くなった司馬遼太郎さんの「司馬史観」も自由主義史観と同じ立場にあります。「国家像や人間像を悪玉か善玉かという、その両極端でしかとらえられない」――歴史学を司馬さんは批判しました（『坂の上の雲』）。

問題だったのは、自由主義史観研究会の人たちがこのように「司馬史観」を賛美したため、それに対抗するかのように、逆の立場の人たちが司馬さんの作品まで批判するようになったことです。このため、「司馬史観」は、歴史学者も加わって賛否両論が戦わされていくことになります。

的外れな批判

しかし、司馬さんの歴史観は、あくまでそれぞれの小説を書き上げた上での意見表明であって、すべての作品を貫く「司馬史観」といった体系だったものではないと思います。従って、あくまでそれを実体のあるもののようにとらえて批判することは、あまり意味のあることとは思えません。

そして、歴史学は、「国家像や人物像を悪玉か善玉かという」両極端でとらえるような単純な学問ではありません。むしろこうした評価を控え、事実を明らかにしていくことが中心的な課題となります。『坂の上の雲』の当該箇所を、前後も含めてあらためて読むと、司馬さんの批判の矛先も、いわゆる左派、右派がそれぞれ持っている偏りに向かったもので、もとより歴史学全体を否定したものでありません。作品が執筆された一九七〇年前後という、左右対立の時代性も考慮する必要があるでしょう。

もっとも『坂の上の雲』は、司馬さん自身が「事実に百パーセント近く拘束された」と書いています。それならば、歴史学者が行う歴史叙述と変わりません。その内容をめぐって歴史学者が史実や歴史解釈の誤りを指摘したり、批判したりすることはありうることです。これは、司馬さんの歴史小説がそれだけ高い水準にあるということを逆に示すものです。

最近では、司馬さんが乃木希典を小説やエッセイで否定的に書いた、いわゆる「乃木愚将論」が批判されています。乃木が日露戦争で旅順要塞攻略のためにとった作戦は、それなりに理解可能なものだったという趣旨の反論です。司馬さんの解釈によって、それまで軍神とされていた乃木が一転して愚将になっていたのですが、その解釈については、歴史学者や軍事学者との間でもっと論争が行われてもいいテーマだと思います。

これは、より豊かな歴史認識を得るために必要な作業だと思うからです。

歴史小説家の方の中には、ときに自分の小説がいかに歴史を正しく解釈したものであるか、これまでの歴史学者の考えがいかに間違っているか、というようなことを書く人がいます。多くの場合、その主張は科学的根拠を欠くか、信頼性の低い史料を元にした主張なのですが、しかし、それも自作を愛するがゆえの言葉と思えば、目くじらをたてることでもありません。

これに対して史料的根拠を示して反論する研究者も見かけますが、それも大人げないような気がします。

そんなことをするよりは、作家も研究者もお互いの仕事の違いをきちんと理解して、協力し合えるところはしていった方が、歴史研究のためにも文学作品のためにも、ずっと良いに決まっているのです。

3　歴史を学ぶ意味

歴史から教訓を得る

「歴史に学ぶ」ということがよく言われます。歴史には、成功者や失敗者が数多く登場するので、その言行を知ることによって、そこから教訓を引き出して学ぼうと考える人も多いでしょう。

たとえば、太平洋戦争で日本海軍がどうして負けたのかを研究することによって、こうした失敗を繰り返さないようにしよう、と考えることはできるでしょう。『日本海軍の功罪』（プレジデント社）という本は、海軍兵学校第五十期代の五人の元佐官たちが、日本海軍の問題点について語り合ったものです。連合艦隊司令長官の山本五十六大将が、参謀長の宇垣纏少将を毛嫌いし、先任参謀の黒島亀人大佐を重用し、艦隊司令部の職責系統を無視して独善的な計画を採用した、などといった重要な問題点が指摘されています。

こうした人間関係と重大な決定との関係については、現在の組織にも当てはめることができるので有用な研究です。ただし、ただ一人の意見だけではなく、さまざまな立場の人間の証言を参照し、できるだけ正確な見方に近づく科学的思考はやはり必要でしょう。

それでは、古い時代の歴史は教訓になるでしょうか。たとえば、関ヶ原の戦いを分析して、企業経営の戦略の参考にするということができるでしょうか。

積極的に行動を起こし、豊臣家の五大老の立場から全大名の盟主の地位を勝ち取った家康の巧妙な戦略や、敗色濃厚な戦況の中で、退却して敵の攻撃を受けるよりは前進して敵の中央を突破して活路を見いだした島津義弘の勇気に学ぶ、というような活用法はあるでしょうが、時代も置かれた立場も違う場合には、そこには非常に注意が必要です。

前にも記したように、私たちはついつい、現代の常識で歴史を見てしまいがちですが、時代ごとに違う常識、違うルールがあるものなのです。戦国時代の武将を現代のヒューマニズムで断罪しても無駄なことです。いや、そんな時代まで溯らなくとも、皆さんは自分のおじいさんやおばあさんといった二世代上の人と話したときなどに、自分にはなかなか実感できない、今とは違う道徳観念、常識感覚によるルールのあった社会を生きてきた人なのだと感じたことがあるはずです。

過去の人物の事跡を教訓的に学ぶことが、通俗的なものとして排されることが多いのものためです。

ですが、危機の中での人間の行動のあり方、というような限られた観点から見れば、時に人間の本質というような意味で、有効なものになることもあると思います。

そして、こうした観点から歴史を見る場合、歴史書よりは歴史小説の方が役に立つかもしれません。歴史書に比べてはるかに詳しく人物造形などがされていて、共感することが多いからです。ただし、歴史小説では、フィクションを交えることが当たり前で、そうすることによって作家がその時代に対して、独自の歴史解釈をしようとしている場合がある上に、同時に過去に仮託して現代批判をしていることにも留意しなければなりません。

つまり、この場合は、歴史に学ぶと言いながら、じつは歴史を元にした、その作品を描いた作家さんの人間観や人生観に学んでいるのです。それが小説の楽しみでもあるわけですが、そうであれば、そこから史実を学ぼうとすることも、やはり無理な場合が多いのです。

「ｉｆ」はなぜ禁物なのか

よく「歴史にｉｆは禁物だ」などと言われますが、それはどうしてでしょうか。

歴史に「もし」を許してしまうと、織田信長が本能寺で明智光秀に殺されなければその後の世の中はどうなったか、豊臣秀吉に早くから子供が生まれていたら徳川家康が天下を取ることはできただろうか、などといくらでも想定することができます。

たとえば私も、本能寺の変がなければ、信長による天下統一は実現していただろう、などと考えることはあります。中国地方の毛利家以外は、奥州の伊達家や薩摩の島津家など有力な大名たちが、ほぼ信長に従う姿勢を見せていたからです。しかし、信長のような強圧的なやり方での統一事業は抵抗も大きく、光秀に討たれなくてもどこかで挫折しただろう、という考え方も当然、反論として出てくるはずです。

しかし、実際には信長は本能寺で死んでいるので、どちらの説が正しいかを判定することはできません。

秀吉の子供についても、同様に研究者によって二通りの答えが返ってくることでしょう。つまり、「もし」は、どのようにでも設定でき、それはいつも正解がないものなのです。

歴史学は、過去に起こったことを史料によって確定し、それぞれの因果関係を考える学問です。歴史上起きなかったことが確実な「もし」を問うのではなく、歴史上に起こったことを大前提として、その中でたとえばなぜ光秀が信長を討とうとしたのか、なぜそれが可能だったのか、と考えるものなのです。

しかし、そうは言っても、つい信長がここで死ななければどうなっただろうか、というような問いかけをしてみたくなります。これは、歴史の楽しみ方でもあるので、自由に考えていいのかもしれませんが、科学性を欠くものだという自覚は必要でしょう。

ノンフィクション作家の保阪正康さんが、歴史の「もし」を試みた『幻の終戦』(柏書房)を見ることによって、この問題をもう少し考えてみましょう。

保阪さんは、ミッドウェー海戦の後、吉田茂が和平工作を考えていたことを手がかりに、もしそれが実現して終戦を迎えていたら日本はどういう国家になったのだろうか、といった問いを立てています。

保阪さんのシミュレーションは、次のようなものです。

吉田の努力によって第四次近衛文麿内閣が誕生します。これが第一の「もし」です。それに対してクーデター未遂事件が起こりますが、近衛は断固たる態度をとってこれを押さえます。そしてアメリカとの苦心の交渉の末に一九四二(昭和十七)年十二月二十九日、正式に講和条約が締結されます。

終戦後は、朝鮮・台湾は日本の植民地であり、軍部は当然健在のままです。しかし、天皇は英国型の立憲君主制を信奉して政治・軍事指導者との間に距離を置くようになり、一九六〇年代半ばには憲法改正が行われて、軍事上の権限は首相が握り、徴兵制から志願兵制に代わるというドラスチックな変化が行われる、と想定していきます。

確かに、そのような可能性がまったくなかったとは言えません。しかし、保阪さんのシミュレーションの中には、いくつもの「もし」が続けて設定されています。

当時の人間関係や政治情勢をよく整理しながら紹介しているので、あの戦争の流れをよく知らない人でも興味深く読めるはずで、ｉｆを通してそれを知るのに役立つでしょう。しかし、保阪さん自身がこの本の中で「知的ゲーム」と表現しているように、まさにそうしたものと割り切って読む必要があります。

歴史に一つの「もし」を設定すると、どうしても次の「もし」が必要となり、結果として最後には歴史とはかけ離れたものになることがほとんどだからです。これは、歴史研究とはまったく別の知的エンターテインメントとして考えなければなりません。皆さんがｉｆを楽しまれることはまったく構わないのですが、この違いには大きな注意を払ってもらいたいと思います。

歴史に求められているもの

歴史には、人生の教訓としたり、楽しんだりすることができるという効用があります。私も、講演などを依頼される時には、「江戸に学ぶ○○」というテーマで話していただけませんか、とリクエストされることがよくあります。現代とは違う時代を見ることによって、現代を相対化することができるので、そういう要望にはお応えするようにしています。

しかし、いま現在、歴史という教科に求められているのは、そうした一般の方の要望とはずいぶん違っているようです。

文部科学省の学習指導要領を見てみると、小学校六年生では、我が国の歴史の主な事象について、人物の働きや代表的な文化遺産を中心に学習することになっています。また通史的な把握は必要ではなく、歴史上の人物の動きや、代表的な文化遺産を学ぼうということです。

中学校では、我が国の歴史の大きな流れを、世界の歴史を背景に学ぶとされています。

この段階で、初めて歴史の大きな流れを学ぶことになります。したがって中学校の歴史教科書は、ほとんどが日本の通史で、背景として世界の歴史が書かれています。ここで「大きな流れ」を学べればいいのですが、現在の中学校教科書の内容はかなり詳しいので、やはり知識偏重になっている面はあるのでしょう。史実に関していえば、東大入試の日本史で合格点を取れるだけの素材はすでに揃っています。

それでは、高校の「日本史Ｂ」は、中学校の歴史とどう違うのでしょうか。単に史実が詳しく書かれているだけなのでしょうか。いや、そうではありません。学習指導要領は、二〇〇九（平成二十一）年に次のように改訂されています。

我が国の歴史の展開を諸資料に基づき地理的条件や世界の歴史と関連付けて総合的に考察させ、我が国の伝統と文化の特色についての認識を深めさせることによって、歴史的思考力を培い、国際社会に主体的に生きる日本国民としての自覚と資質を養う。

以前の学習指導要領では「理解させる」と表現されていたのですが、今回の改訂で「考察させる」になりました。これを指導要領の解説では、「歴史的事象や事象間の因果関係等について、様々な資料に基づいて調べ、多面的・多角的に考察させて歴史的思考力を培うことを重視する」ためだと説明しています。

つまり、高校段階では、歴史を学ぶだけではなく、歴史の展開を資料に基づいて考察しなければならないのです。かなり高い水準の学習が要求されていると言っていいでしょう。

そして、一方では、日本の伝統と文化の特色についての認識を深め、「歴史的思考力」を培うようにと要求されています。「日本国民としての自覚と資質を養う」というのはいかにも文科省的な言い方ですが、「歴史的思考力」を培った上のことならば、それは悪いことではないと私は考えます。上から固定的な歴史観を押しつけようとはしていないからです。

一番大事なのは歴史的思考力

それでは、「歴史的思考力」とはどのようなものなのでしょうか。

これは指導要領にははっきり書かれていません。「はじめに」でも触れましたが、書けばまた論争を生むだけなので、避けているのでしょうか。これでは高校の歴史の授業でも、結局、歴史的思考力がどこまで育まれているのか、かなり怪しいことになるわけです。

私は、歴史的思考力とは、現代に起こる事象を孤立したものとしてではなく、「歴史的な視野の中で考えていく」ということだと考えています。

現在、世の中で起こっていることは、事象そのものは偶然に起こったものかもしれませんが、そのすべてに歴史的な背景があります。このことに留意できる歴史的な知識とそれを参照して考えられる思考力、つまり知性が必要です。そしてまた、そもそも私たちの考え方自体も、歴史的に形成されてきた所産だということに留意することが必要です。そういうことを自覚することが、「歴史的思考力」なのだと思います。

人生経験の質にもよりますが、一般に年輩の人の方が若い人よりも個人としての歴史に長さと幅があるので、なんと言っても物の見方が豊かだと思います。つまり、知らず知らずのうちに「歴史的思考力」が身についているということでしょう。若い頃の純粋な考え方というものにも魅力はありますが、往々にして一つの見方に凝り固まってしまうことが多く、物事を相対化して複眼的に見ることができません。

もっとも、残念ながら、人生経験を積んでいけば、かならずしも物事を複眼的に見ることができるようになるわけでもありません。しょせんそれは、一人だけの個人的な体験にすぎず、人生経験といってもせいぜい七、八十年ほどにすぎないのです。ときに、自分の体験を絶対視してしまう年輩の方がいらっしゃいますが、それはこの落とし穴にはまってしまったのだと言えるでしょう。

個人の人生は長く生きても百年ぐらいのものですが、人類の歴史は文献でたどることができる時代だけでもすでに何千年も続いています。その中には膨大な数の人生があり、出来事があります。こうした歴史を学べば、視野が飛躍的に広がることになり、物の見方が豊かになります。歴史を現代に直接結びつけて現代社会の処方箋にしたり、歴史小説に親しんだりすることも、まったく否定するものではありません。

但し、「歴史的思考力」は、これを身につけようと意識しなければ、自分が知らず知らずのうちに身につけた観念を歴史的所産として相対化することはできない、ということには十分に注意を払わなければなりません。先入観による勝手な思い込みや、そうであると信じたいことだけに目を向けるような狭い視野では意味がないのです。

歴史的思考力とは、人生を豊かにする教養になるのだと思います。歴史を学ぶ最大の効用は、まさにそこにあるのではないでしょうか。

おわりに

この本は、歴史をどのようにつかめば良いのか、日本史研究はいまどのように進んでいるのか、といったことを簡潔に解説するつもりで構想したものでしたが、実際に執筆を始めると、これがなかなかなかたいへんでした。

歴史をつかむと言っても、概念的なことだけでは理解が進まないので、具体例を示しながら、あわせて日本史の流れもとらえられるように、日本の古代史から書き出したのですが、重要な論点でも説が新たに分かれていたりする上に、その中で現在どれが一番有力なのかということさえ、少し専門を離れると簡単にはわかりません。世間で歴史書が敬遠されるのも無理はなく、一般社会人向けに一冊にまとめられた日本通史が、研究者の手ではほとんど執筆されてこなかった理由もよくわかりました。

それでも、今の段階における日本史研究の成果をもとに、私の視点からの日本史の流れと歴史をつかむ技法を示せたのではないかと考えています。

本書を読んで、歴史を学ぶための道筋が見えてきていれば幸いですが、そんな皆さんには、今後、歴史研究者の書いた歴史書を読んでいくことをお勧めします。本書が理解できていれば、ある程度専門的な内容を持つ本でも、もう読んでいけるはずです。

何から読めば良いのか見当がつかないときには、興味を持てるテーマが書かれた新書などを読んでいき、そこから次第に専門的な本に手を伸ばせばいいでしょう。

また、意外に思われるかもしれませんが、一九六〇、七〇年代に刊行された中央公論社版『日本の歴史』や小学館版『日本の歴史』などのシリーズ中には、今なお歴史理解のスタンダードになっている本があります。前者では、土田直鎮さんの『王朝の貴族』や佐藤進一さんの『南北朝の動乱』、後者では網野善彦さんの『蒙古襲来』や尾藤正英さんの『元禄時代』がその代表です。

こうした名著に親しんでいると、もっと歴史学に近づきたいと思ったり、この本にはこう書いてあるけれど自分には違う意見がある、ということも出てくるでしょう。

そういう時には、その根拠となる史料を自分で読んで判断していく必要があります。これはなかなか困難なことですが、それができれば専門の歴史研究者と同じ土俵に立つことになります。今では、カルチャーセンターにも史料講読の講座がありますし、一般の大学でも社会人向けの公開講座を開設しているところが、かなりあります。

また、もっと本格的に歴史を勉強してみたいという人には、もう一度正式に大学で学ぶことも一つの選択肢でしょう。私のかつての教え子の父親に、娘に刺激されたものか、大手出版社を退職した後、京都の大学の史学科に学士入学した方がいますが、とても楽しく歴史の研究を行っている、と聞いています。本気で打ち込めば、わずか二年ほどの勉強でも、まったく違う世界が見えてくるはずです。

大学再入学や大学院進学などは、多くの人に望めることではありませんが、しかし、大なり小なり、歴史を学ぶことは皆さんにもぜひ続けて欲しいと願っています。

平成二十五年九月

山本博文

山本博文　1957（昭和32）年岡山県生まれ。東京大学文学部国史学科卒。同大学院人文科学研究科を経て、同大学史料編纂所助手。現在、同大学史料編纂所教授。日本近世史専攻。著書に『江戸お留守居役の日記』などがある。

Ⓢ新潮新書

541

歴史《れきし》をつかむ技法《ぎほう》

著　者　山本博文《やまもとひろふみ》

2013年10月20日　発行
2014年３月20日　８刷

発行者　佐　藤　隆　信

発行所　株式会社新潮社

〒162-8711　東京都新宿区矢来町71番地
編集部(03)3266-5430　読者係(03)3266-5111
http://www.shinchosha.co.jp

印刷所　錦明印刷株式会社

製本所　錦明印刷株式会社

ISBN978-4-10-610541-8　C0221